Comment (bien) gérer sa love story

Du même auteur pour la jeunesse :

Point de côté - **2006, Éditions Thierry Magnier.**
Servais des Collines - **2007, Oskar.**
Né sur X - **2008, Éditions Thierry Magnier.**
L'Âge d'ange - **2008, L'École des loisirs.**
N'importe où hors de ce monde - **2009, Oskar.**
À quoi servent les clowns ? - **2010, roman dacOdac, Rouergue.**
Comment (bien) rater ses vacances - **2010, roman doAdo, Rouergue.**
Comme des trains dans la nuit - **2011, nouvelles doAdo, Rouergue.**

Dans la collection la brune au Rouergue :

Bonheur fantôme - **2009, roman.**
Le premier été - **2011, roman.**

Née en 1970 à Épinal, Anne Percin vit actuellement en Saône-et-Loire et partage sa vie entre l'enseignement et l'écriture.

Photographie de couverture : **Dorothy-Shoes**

www.lerouergue.com

doado

Anne Percin

Comment (bien) gérer sa love story

rouergue

1. Acoustique des locaux à poubelles et mise en réseau

D'après le scientifique Frank Fenner, l'espèce humaine va s'éteindre dans cent ans. C'est un truc que j'aime à me répéter quand les choses tournent mal. Par exemple, quand je me fais arrêter à la douane, au moment de prendre l'Eurostar, par deux douaniers anglais et un flic de la police de l'air et des frontières (PAF pour les intimes), qui m'évacuent sous les yeux ébahis de la fille avec qui je partais en vacances.

Bref, le genre de chose qui n'arrive pas deux fois dans une vie. Il semble même raisonnable de penser qu'il y a des gens à qui ça n'arrivera jamais. Quant à moi... Sans aller jusqu'à dire que c'est mon lot quotidien, disons que je me suis fait une spécialité de ces situations. À dix-huit ans, j'ai déjà un beau palmarès derrière moi. Sans me vanter, il me semble que j'incarne une sorte de compromis idéal entre Donald Duck et Gaston Lagaffe. C'est bien simple, s'il existait un bac Catastrophe, je l'aurais avec mention très bien, ce qui m'éviterait de galérer sur mon bac ES. (Remarquez, comme l'a affirmé un récent président de la République*, le bac économie est une « blague ». J'ai peut-être des chances de l'avoir...)

Enfin bref. Je papote, je papote, et je sens que vous brûlez de me demander comment j'en suis arrivé là. Si j'essaie de faire un peu d'archéologie dans mes déboires récents, je dirais que tout est parti d'une guitare.

O.K. Là, vous êtes déjà en train de vous faire un film. Genre *teen movie* avec rock star boutonneuse qui a moins de poils au menton que de cordes à sa guitare, et qui se la pète avec ses potes en se tapant des pintes et en pelotant des poules. Ne dites pas le contraire : une lueur glauque est passée dans vos yeux vitreux, et vous avez esquissé un sourire condescendant – malgré la feuille de salade coincée entre vos incisives, qui vous donne cet air un peu bovin qui vous va si bien.

Pourtant, si vous me connaissiez, vous sauriez que pour moi, la guitare, c'est un sport solitaire. Si j'en joue (assez mal, de surcroît), ça n'est certainement pas pour épater les filles, auprès desquelles j'ai toujours eu un succès relativement limité. À côté de la mienne, la vie sexuelle d'un panda paraît trépidante. (Vous savez, ces gros nounours qui préfèrent bouffer du bambou plutôt que de perpétuer leur espèce, et qu'on est obligé de forcer à copuler, un revolver sur la tempe.)

---

* Nicolas Sarkozy, déclaration du 27 janvier 2009 à Châteauroux.

En plus, « plaire aux autres » n'a jamais été une préoccupation majeure pour moi. Mais ça, je pense que vous l'aviez deviné…

Lorsque je me suis remis à la guitare, en août dernier, c'était surtout pour me défouler. J'en avais bien besoin, remarquez. Comme certains d'entre vous le savent peut-être, j'étais coincé en banlieue parisienne alors que mes parents étaient portés disparus en Corse, ma grand-mère venait de faire un infarctus avec trauma crânien et je m'étais fait arrêter par les flics. En plus, y'avait rien de bien à la télé.

J'avais donc ressorti la Fender de mon père, sur laquelle j'ai appris à jouer quand j'étais en sixième. Ça me faisait du bien, en ces temps troublés, d'improviser pendant des heures, seul dans la maison du Kremlin-Bicêtre, en attendant que Mamie revienne de l'hosto et que mes parents refassent surface*.

Le truc, c'est que je n'ai pas réussi à m'arrêter de jouer, lorsque tout est rentré dans l'ordre.

Dans un premier temps, j'ai donc ramené chez mes parents, à Ivry-sur-Seine, la Fender Telecaster. Histoire de m'approprier l'instrument, j'ai changé les cordes, et mon père m'a trouvé un ampli d'occasion de la même marque, pour remplacer celui qui traînait chez Mamie. Après l'été que j'avais passé au

---

* Si ça vous dit quelque chose, vous avez lu le récit de mes précédentes aventures, *Comment (bien) rater ses vacances* (collection doado, Rouergue). Ou bien, vous êtes médium.

chevet de sa maman cardiaque, mon père semblait en effet m'avoir accordé l'option *crédit illimité* sur sa carte bancaire. À la fin du mois d'août, j'ai même reçu en cadeau le smartphone de mes rêves, tout beau, tout noir, tout plat, où je déversais des mégabits de musique, et avec lequel j'appelais ma copine (toute neuve aussi), toutes les cinq minutes.

Car, oui, à l'aube de cette ère nouvelle, non seulement j'avais une guitare, un smartphone, mais en plus, j'avais une copine ! Après ce que je viens de vous dire sur ma libido d'huître, ça vous la coupe. Je comprends... Mais on en parlera plus tard, si vous voulez bien, parce que pour l'instant, j'essaie de démêler les fils : c'est déjà assez compliqué comme ça, alors si vous m'interrompez toutes les deux minutes, on n'est pas rendus.

Donc, au début était la guitare.

J'aimerais pouvoir vous dire que j'ai composé mes premiers morceaux dans un garage. Ça le ferait grave *légende du rock*. Ou alors, dans le parking souterrain d'un HLM. Et que tous les mecs de la *téci* venaient écouter mes solos délirants de dix minutes que je terminais à genoux dans le cambouis, sous un tonnerre d'applaudissements, tandis que des minettes en délire se pâmaient en tendant leurs ongles vernis vers mes cuisses moulées dans le cuir noir. Mais bon, je suis un garçon honnête, moi. Gentiment allumé, peut-être, mais honnête. Je ne vais donc pas vous mentir.

La vérité, c'est que, dans ma cité, il n'y a pas de garages. Ni de parkings souterrains. Sous mon immeuble, le seul endroit qu'on puisse réellement qualifier d'*underground*, c'est le local à poubelles.

Bon.

J'ai testé. Je ne conseille pas. D'abord, l'acoustique est très mauvaise. La résonance, amplifiée par le puits du vide-ordures, est déplorable. Le son se propage dans toute la colonne sanitaire. Sur le plan de l'expérimentation physique, ça peut être intéressant, je ne dis pas. Seulement, je n'étais pas venu là pour faire des expériences, juste pour être peinard. Inspiré par les lieux, j'avais tenté une reprise du morceau d'AC/DC, *Rock'n roll ain't noise pollution*. Mais avant que je termine mon semblant d'intro, des bruits inquiétants au-dessus de ma tête m'ont informé que la cage d'escalier était pleine de monde.

Des fans, déjà ?

Histoire de compenser l'acoustique caverneuse du local, j'ai commencé à bidouiller l'égalisateur de bande pour accentuer les aigus. Tester un ampli dans des conditions aussi sévères, c'était sport. D'autant que le minuteur du local à poubelles s'éteignait toutes les deux minutes… Tandis que j'entendais piétiner au-dessus de ma tête, dans le hall d'entrée de l'immeuble, j'ai avancé une main pour modifier le ton sur l'ampli. Mais, dans le noir absolu, je me suis trompé de bouton et j'ai poussé le volume à fond…

Quand j'ai rallumé la lumière et gratté en même temps mon premier *mi* bémol, l'ampoule du local a explosé. Je me suis trouvé aveugle et sourd, sans comprendre ce qui m'arrivait. Je n'ai eu que le temps de tout débrancher et de quitter les lieux par le couloir qui donne sur l'extérieur. La horde des voisins en furie pénétrait dans le sous-sol quand j'en sortais.

Mon père n'a pas tardé à être mis au courant de mes exploits.

– Bon sang, Maxime, t'es pas vrai ! On se demande franchement ce qui te passe par la tête : jouer de la guitare dans le local du vide-ordures, il n'y a que toi pour faire ça.

J'ai souri fièrement, avant de me rendre compte que ce n'était pas forcément un compliment.

– Écoute, tu ne peux pas continuer à jouer de la guitare ici : dans l'appart, ça fait trop de bruit et au sous-sol, c'est trop dangereux. On va se mettre les proprios à dos, si tu continues.

– On aura déjà bien de la chance si Max ne fout pas le feu à l'immeuble ! a ajouté ma mère qui passait par là.

– Ils n'ont pas un local pour ça, dans ton lycée ? Un foyer étudiant ?

– Dis donc, papa, tu regardes trop la télé. On est à Ivry-sur-Seine, pas dans une *high school* américaine.

– Mais, je ne sais pas, moi... de mon temps, on avait des lieux pour faire de la musique, des clubs, des trucs comme ça.

– De ton temps, papa, c'était les années 80. C'est fini, l'âge d'or. Maintenant, on est quarante par classe, on a un détecteur de métaux à l'entrée et le plan Vigipirate. Bienvenue dans le monde moderne.

Papa a soupiré, nostalgique de l'époque bénie où il pouvait entrer dans la cour du lycée avec sa mob, la clope au bec et le sac US en bandoulière couvert de badges proclamant des valeurs morales à l'étendue encyclopédique, allant de *No Future* à *Touche pas à mon pote*. Mitterrand venait d'abolir la peine de mort, on découvrait les radios libres, les Clash allaient se dissoudre, le mur de Berlin allait tomber : on était à l'aube d'une ère nouvelle.

– Le problème, Max, a-t-il repris en contemplant mélancoliquement la dalle, six étages en dessous, où trois mecs à capuche se trémoussaient au son de leurs téléphones portables, le problème c'est que vous, les jeunes, vous n'avez plus de lieux pour vous réunir. Si vous ne voulez pas rester seuls, vous passez votre vie sur le *web* ou bien, vous traînez dehors.

– J'avoue. *No life* ou zonard, il n'y a pas d'autre choix : tel est notre destin, ai-je fait avec ironie.

– C'est pour ça, a-t-il continué, imperturbable, que la musique d'aujourd'hui, c'est le rap, la fusion, le slam, le dub… C'est la conséquence du nomadisme. C'est une musique *outdoor*, en fait. Tu vois, au fond, c'est de la musique de pauvres.

– P'pa, fais gaffe, quand même. Tu dis ça à un rappeur, t'es mort.

– Non, mais c'est pas méchant, ce que je dis. Le rock, ça se prépare, ça se répète, il faut des instruments compliqués, lourds…

– En fait, ce que tu veux dire, c'est que le rock, c'est une musique de bourgeois ?

– Ouais, peut-être. En tout cas, c'est un truc d'intérieur.

(J'ai peut-être omis de vous préciser que mon père est un théoricien de la musique méconnu qui travaille dans la mécanique, pour donner le change. Trente-cinq heures par semaine, il range des boulons, vend des filtres à air et change des bougies dans un garage, et le reste du temps, il médite sur l'avenir du rock.)

– La jeunesse moderne, elle est obligée d'être inventive, parce qu'elle a rien. On lui laisse plus rien. Tout a déjà été inventé, alors elle recycle.

– Qu'est-ce que tu veux, on est des écocitoyens.

– M'en parle pas. Le rock est mort quand Bob Geldof a eu l'idée de faire des concerts de charité.

Vu que je commençais à décrocher un peu, j'ai abandonné mon père à sa contemplation nostalgique de la cité d'Ivry un samedi soir, et je suis retourné dans ma cellule de méditation.

Il faut dire qu'en ce début septembre, j'avais quand même pas mal de choses à penser. Certes, c'était le début de mon année de terminale, mais si vous voulez mon avis, le grave enjeu du bac, c'est carrément risible au regard de ce qui me préoccupait.

Comment vous mettre ça en mots proprement ?

J'avoue que je sèche.

Allez, on va faire un jeu de rôle. Voilà : imaginez que vous avez une petite amie. Ou un petit ami, suivant votre sexe ou vos goûts personnels – enfin bref, imaginez qui vous voudrez : moi, je suis *open*...* Ça y est, vous avez fait votre choix ? Bon.

Imaginez que ce (tte) petit(e) ami(e) est plus âgé(e) que vous. Et qu'il (elle) n'a pas les mêmes goûts que vous. Et que vous passez votre temps à vous engueuler par tous les moyens modernes disponibles : téléphone, messagerie en ligne, e-mails. Et que, malgré ça, dès que vous ne le(la) voyez plus pendant cinq minutes, vous avez l'impression d'être immergé(e) dans un fleuve gris, enduit(e) de goudron, avec une enclume d'une tonne attachée à vos pieds.

Vous avez l'idée générale ?

Bon, alors maintenant imaginez que vous ne sortez pas officiellement avec cette « personne » – on va prendre un terme générique : les parenthèses, ça me saoule – que depuis quelques semaines, et que, compte tenu de ce délai très court, d'une certaine hésitation de sa part et d'une grande timidité de la vôtre, vous n'en êtes toujours qu'au stade bisounoursien des préliminaires, où l'on se gazouille à l'oreille des choses

---

* *Open Office*, surtout (Ouarf ! La blague de *geek* !)

tendres assorties de quelques baisers *à blanc* (ceux où on la met pas).

Ça y est, vous y êtes ?

Avouez qu'il y a de quoi s'interroger, tout de même. Qu'on soit un garçon ou une fille, on peut légitimement se sentir taraudé par une certaine impatience mêlée d'inquiétude. Si vous voyez où je veux en venir…

Déjà, dans cette *love story*, il faut dire que je suis parti avec quelques handicaps. D'abord, on s'est rencontrés sur SpaceBook®, ce qui n'est pas forcément la garantie d'une relation équilibrée, réaliste et lucide. Ensuite, au moment de la rencontrer, j'avais dix-sept ans et elle, presque vingt. Autrement dit, tandis qu'elle s'émancipe à la fac, je végète au lycée. Le seul truc qu'on ait vraiment en commun, c'est notre sale caractère. Elle est passionnée, survoltée, susceptible, colérique, et elle a toujours raison. Moi, pareil.

Vous allez me dire : ça rapproche. Euh… Si vous réfléchissez bien, pas tellement.

Pour couronner le tout, il se trouve que j'ai des centres d'intérêt bien précis qu'elle ne partage pas. Notamment, et dans l'ordre :

1-La musique des années 70 et 80 (punk et funk en particulier)

2-L'économie politique

3-Les nouvelles technologies

4-Les romans policiers anglais

Mes projets d'avenir, c'est soit « star du rock underground à Londres », soit « député de la gauche radicale », soit « testeur de gadgets pour Steve Jobs ». Ça limite un peu. À côté de ça, les passions de ma copine (appelons-la Natacha, puisque c'est son prénom) sont, dans l'ordre :

1-La psychologie (elle pousse le vice jusqu'à l'étudier)

2-Sortir avec ses amis *trop-cool-qui-fument-des-ouinjes*

3-Sauver la planète grâce à l'écologie militante altermondialiste

4-La world music ethno-engagée

À ses heures perdues, elle fait du bénévolat humanitaire et a des projets d'avenir sérieux : exercer en Afrique, adopter cinq enfants et sauver les lévriers de course espagnols de leur triste sort (si elle le pouvait, elle adopterait sûrement des taureaux de corrida). Il ne manquerait plus qu'elle soit bouddhiste et végétarienne – mais je pense qu'elle y viendra un jour. Ce n'est qu'une question de temps…

Bref, vous voyez le genre… Et vous connaissez le mien. Autant essayer de mettre en réseau un Mac et un PC.

Il paraît que les contraires s'attirent. Je veux bien, mais là, c'est du vice. En plus, un autre adage prétend aussi que *Qui se ressemble s'assemble*. Or, une fille qui me ressemble, non seulement c'est possible, mais j'en ai une sous la main, depuis pas mal d'années. Elle s'appelle Alexandra. C'est ma meilleure amie.

Alex, comme projet d'avenir, elle a : assister à une autopsie, expérimenter toutes les drogues et danser nue sur un char à la Gay Pride. L'un dans l'autre, je trouve ça plus *challenge* que d'avoir un chien et cinq enfants, fussent-ils de couleurs différentes. Mais c'est le genre de choses que je ne dis pas à Natacha, pour ne pas qu'elle se fasse de fausses idées. J'ai souvent essayé de lui expliquer qu'Alex était une sorte de sœur jumelle, un clone élevé au biberon du film *gore* et au lait de l'ultraviolence. Qu'on nourrissait la même passion pour le punk, et qu'elle et moi réunis, c'était tout sauf romantique. Mais Natacha est restée sceptique.

Comme je n'allais pas tarder à le découvrir, et vous aussi par la même occasion, c'est une jalouse.

Attention ! Ne nous enflammons pas. Jalouse, ça ne veut pas dire qu'elle est folle de moi. La jalousie, ça ne prouve rien. C'est un état d'esprit. Il y a des gens qui le sont, d'autres non. Natacha, elle l'est. Quoi que je dise, quoi que je fasse et même s'il n'y a vraiment pas de quoi.

Et franchement, il n'y a pas de quoi.

D'ailleurs, selon Kévin, mon meilleur ami *ex aequo*, expert en relations sentimentales (et accessoirement, fervent pratiquant de vélocross, ce qui n'a rien à voir, certes, mais c'était pour vous situer le personnage) – selon Kévin, donc, – vous êtes pénibles, à m'interrompre tout le temps – Natacha n'a pas de souci à se faire étant donné qu'Alex n'est pas intéressée par les mecs.

Le *hic*, c'est que pour l'instant, il n'y a que lui qui en soit persuadé. On n'a aucun indice tangible. Si elle s'intéresse à la Gay Pride, à mon avis, c'est surtout par provocation. Après tout, elle est peut-être juste sympathisante. Moi, j'ai pas besoin d'être noir pour être antiraciste, par exemple. Bon O.K., elle colle des autocollants « arc-en-ciel » sur ses cahiers. N'empêche… Techniquement, ça ne prouve rien. Et je me vois mal lui demander, entre deux rots de Coca et une pizza froide qu'on partage à même la moquette dans sa chambre, devant l'écran de l'ordi où l'on visionne le dernier *Scream* en *streaming* : « Dis donc, ma grosse, tu serais pas un peu *goudou*, des fois ? »

J'ai beau être *open*, je trouverais ça un peu déplacé. Si ça se trouve, elle n'attend qu'une occasion de me l'avouer, et il ne s'agit que de lui tendre la perche. Mais je n'y arrive pas. Selon Natacha, c'est parce qu'en fait, au fin fond de mon subconscient de moi-même, je n'ai pas envie de connaître la réponse et je préfère continuer à croire qu'Alex est secrètement amoureuse de moi ! Pfff… N'importe quoi !

Toujours est-il qu'en ce début septembre, deux questions majeures venaient me tarauder.

La première était : « Suis-je vraiment un musicien dans l'âme et, si oui, comment faire pour accomplir mon destin dans la joie et la bonne humeur sans foutre le feu à un HLM ? » et la suivante était : « Quand est-ce qu'on va passer la seconde, avec Natacha ? »

Or, sur ces deux questions, mon pote Kévin avait un avis.

C'est un peu tout ce qu'il a, Kévin. Des avis.

– Tu vois, moi, je trouve que tu te prends trop la tête avec ta *pineco*. Si elle te laisse psychoter dans ton coin sans espoir de tremper le biscuit, je dis que c'est une allumette, et pis c'est tout.

Nous étions, le jour de cette mémorable réplique, tous les deux sur le terrain de skate-roller-cross de Villejuif, où Sa Kévinerie* s'entraîne régulièrement à enchaîner figures acrobatiques et séjours aux Urgences.

Tandis que des dégénérés à pantalons baggy prenaient des risques inconsidérés sur des engins à roulettes, je contemplais leur ballet, les écouteurs de mon smartphone enfoncés dans les oreilles. J'avais cependant baissé le son pour entendre les conseils de mon « coach en développement personnel », ce qui m'a permis de relever une de ses désopilantes erreurs de langage.

– Une *allumette*, t'es sûr, Kévouille ? Ce serait pas plutôt une allumeuse ?

– Joue pas avec les mots. Ce qu'y a de sûr, c'est que j'en voudrais pas, moi, de ta Pikachu.

(Pour Kévin, qui ne l'avait encore jamais rencontrée à cette époque, Natacha n'existait qu'au stade embryonnaire de relation sur SpaceBook®, où elle avait choisi une fois pour toutes un Pokémon célèbre pour avatar.)

---

* Nom de guerre de Kévin sur SpaceBook®.

– Encore heureux. Je me demande bien ce qu'elle ferait avec un mec comme toi…

– La même chose qu'avec un mec comme toi : rien.

Parfois, Kévin est d'une lucidité qui confine à la cruauté.

Sans rien ajouter, j'ai repris les commandes de mon smartphone, augmenté le volume et cherché une chanson qui conviendrait davantage à mon état d'esprit que le vrombissement mécanique des roues de skatesboards sur les pistes en acier galvanisé. Sa Kévinerie a remonté son jean qui tombe sur son absence de hanches, laissant voir la bande élastiquée de son slip à la naissance des fesses. Il a fait le geste machinal de rentrer son T-shirt dans le pantalon, un tic compulsif qu'il fait même à la piscine. Et puis il a enfourché son vélo d'acrobate et est reparti à l'assaut d'un escalier.

J'ai fini par tomber sur *Can't stand losing you.*

J'adore le Police des débuts : d'abord pour la batterie de Stewart Copeland, claire et mate, nerveuse, qui a l'air de cavaler en avance sur tout le monde, ensuite pour la voix unique du chanteur, une voix citronnée qui fait grincer des dents comme un bonbon acide. Bref : le Sting intéressant, avant qu'il n'entre en croisade contre la déforestation en Amazonie (avant qu'il ne devienne un mec respectable selon les critères de Natacha, quoi). Je me suis mis à l'écart pour ne pas risquer de rentrer en collision avec les *riders*. Un peu plus loin, un plot en béton séparait la piste de skate d'un parking. Au-delà, on ne voyait rien que des immeubles et du ciel gris.

On aurait pu se croire à Newcastle.

J'ai remis la chanson au tout début, et monté le son encore un peu plus. Je n'entendais plus que la batterie de Copeland, la guitare de Padovani (un guitariste français, corse et punk de surcroît : à mon avis, la contribution la plus importante au groupe, hélas remplacé très rapidement par ce tâcheron d'Andy Summers) et la basse de Sting. J'ai fermé les yeux.

I've called you so many times today
And I guess it's all true what your girlfriends say
That you don't ever want to see me again
...

Elle est marrante, cette chanson. Elle est marrante, parce qu'elle dit des choses désespérées sur un ton super léger. En fait, c'est l'histoire d'un mec qui s'est fait larguer et qui menace son ex de se suicider. Au troisième *I can't stand losing you*, je me suis aperçu que je chantais tout haut. Quelle importance, puisque je leur tournais le dos et que je n'avais face à moi que des HLM...

I see you've sent my letters back
And my LP records and they're all scratched

J'adore ce passage parce qu'il met sur le même plan le fait que sa nana lui renvoie ses lettres d'amour, et le fait qu'elle lui a rayé ses disques. Je me verrais bien dire ça un jour à Natacha, parce que pour moi, mes disques c'est sacré. (Évidemment, elle ne risque pas de me les emprunter, vu qu'elle déteste ce que j'écoute...) La fin est excellente aussi. En gros, il dit : « Tu seras triste quand je serai mort et ce sera tout de ta faute », d'un ton qui évoque un gamin de six ans qui fait un caca nerveux.

Un ton que j'ai pris, d'ailleurs, pour brailler la fin de la chanson à la face du Vaste Monde, gris et gras, étalé devant mes yeux comme du beurre de cacahuète sur un donut.

Après un énième *Can't stand losing youuuuuu* digne d'un loup en mode Pleine Lune, je me suis arrêté. J'ai baissé un peu le son de mon smartphone et je me suis retourné pour voir où en était Kévin, et s'il était déjà temps d'appeler le SAMU. À ma grande stupéfaction, il était assis sur son vélo, les pieds à terre, les bras croisés, en train de me regarder. Plus étonnant encore : ses petits camarades avaient cessé de voltiger dans les hauteurs et de glisser sur les rampes, et me regardaient aussi, leurs planches à roulettes sous le bras.

Ahem.

– Heu… Ça va, Max ? a lancé Kévin du haut de son deux-roues pour nain tout-terrain.

– Ben oui, pourquoi ça n'irait pas ? C'est bon, j'ai juste chanté, remets-toi ! Vous n'avez jamais vu quelqu'un chanter, ou quoi ?

– Heu… non, ont-ils avoué en riant. Personne qu'on connaît, en tout cas !

– Et alors, ça y est, ai-je fait de mon air le plus sarcastique, vous avez vu la Vierge en string !

Ils ont rigolé bêtement.

– Ouais, on a vu la Vierge en string et elle est même pas épilée !

Bande de nazes à roulettes. J'ai quitté la piste de skate, suivi de près par Kévin qui pédalait derrière moi.

– Ben quoi, fais pas la gueule, Maximizer. C'était pas si moche.

– Je sais. De toute façon, t'as des corn-flakes dans les oreilles. Même si c'était moche, tu t'en rendrais pas compte.

– C'est pas faux.

– J'ai pas fait ça pour qu'on m'écoute, non plus.

– J'ose pas imaginer ce que ça aurait donné, sinon. Parce que là, tout le monde t'a entendu. Y'a même des fenêtres qui se sont ouvertes.

– Tu déconnes ?

– Même pas. T'as la voix qui porte. Sans abuser, on pourrait même dire que tu gueules. Complètement garage rock !

– Tu vois que t'y connais rien ! ai-je trépigné, plein d'une exaspération à peine contenue. The Police, c'est pas du garage rock. C'est du rock-jazz post-punk.

– Pour Police, c'est possible. Mais toi, t'as trop *une voix de garage*.

J'ai souri jusqu'aux oreilles, ce qui est la dernière étape avant le rire franc et massif.

– Quoi ? Qu'est-ce que j'ai encore dit ? a couiné Kévin.

2 . Où « le bras armé de la loi » frappe très fort

Pendant le mois de septembre, je me suis donc mis à composer dans ma chambre, quand personne n'était là. Composer en sourdine, c'est pas évident. Il y a des fois où l'on troquerait bien sa guitare électrique contre un modèle acoustique… Mais le trip Bob Dylan, ça me branche moyen. De toute façon, depuis que Carla Bruni a sorti un disque, j'estime que le *folk* est mort.

Mon père, voyant que je prenais décidément toute cette affaire de guitare très au sérieux, m'a demandé si je ne voulais pas, par hasard, monter un groupe. Lui-même, par le passé, dans ses folles années à cheveux longs, avait tâté de la scène, en compagnie de son frère, mon dépressif tonton Christian (lequel devait apporter une touche subtile de morosité à leur délire adolescent). Mais leur duo comique s'était brutalement arrêté, j'ignore pourquoi – j'imagine qu'ils sont revenus à la raison.

Bref.

À la question de mon père, je me suis empressé de dire non. En principe, dans un groupe, le guitariste est *leader*. C'est lui qui mène le jeu, l'ensemble du groupe se contentant d'assurer le rythme. Je me voyais mal assumer ce rôle – du moins, dans la conception que mon père avait d'un groupe de rock. Pour ça, il aurait fallu maîtriser un minimum l'instrument…

Or, moi, l'application studieuse d'un Clapton, le jeu implacable d'un Keith Richards, la virtuosité d'un Jimmy Page, le blues tout rond de Mark Knopfler, c'est pas mon kif. Mon style, c'est plutôt de jouer vite et d'inventer tout ce que je ne sais pas. Ce n'est pas pour rien que mon maître en la matière est l'immense Jimi Hendrix. Évidemment, c'est un prodige, sacré meilleur guitariste de tous les temps – ce n'est pas cela qui m'encourage, mais plutôt le fait qu'il ait commencé à jouer à l'âge de cinq ans sur un manche à balai. Son jeu est inégalable, d'accord, mais ce qui m'intéresse chez lui, ce n'est pas sa maîtrise de l'instrument, c'est plutôt son inventivité. Il jouait des distorsions du son, il essayait même de moduler l'effet Larsen en approchant sa guitare de l'ampli. Bref, c'était un bidouilleur.

Et moi, la bidouille, ça me connaît.

Comme le disait JJR*, une autre de mes idoles : « Si je ne vaux pas mieux, au moins je suis autre. »

---

* Jean-Jacques Rousseau. *Guitar hero* français des années 1770.

Mon idée à moi, ce serait plutôt de créer une sorte d'antidépresseur musical. Un truc qui vous met au bord de l'euphorie, avec trois fois rien. Du garage rock, donc, mais complètement barré, du genre Didier Super, mais en mieux. Un truc bien punk, qui déchire, qui défoule mais qui reste audible quand même, en français *if possible* sans pour autant cracher sur l'angliche, au besoin. Quelque chose de bricolé mais de pêchu, avec cette petite dose subtile de funk qui donne envie de danser toute la nuit. Bon. Je ne sais pas si vous voyez. Moi-même, je ne suis toujours pas sûr de voir.

Le problème, c'est que Kévin, lui, *voyait* très bien.

Il voyait même si bien, qu'en septembre, il a commencé à en parler à tout le monde au lycée. Grâce à lui, la rumeur s'est répandue que j'étais guitariste, que j'allais monter un groupe et qu'on pourrait m'écouter à la Fête de la musique, dernière étape avant le showcase à la Fnac. D'ailleurs, affirmait-il, j'avais déjà des fans sur MySpace.

Que rien de cela ne soit vrai n'entrait pas en ligne de compte. Quand on lance une rumeur, on ne s'emmerde pas avec les nuances.

Tout cela, comme vous vous en doutez, nuisait grave à ma réputation.

En effet, j'avais déjà une réputation. Pas forcément la meilleure du lycée. Jusqu'à présent, j'étais juste « l'intello-débile de terminale éco ». Le genre qu'on n'invite jamais nulle part – ce qui, entre nous soit dit, m'arrange plutôt, étant donné le peu d'affinités que j'ai avec mes condisciples (un mot que j'affectionne particulièrement, comme vous vous en doutez).

Le versant « intello », ça date de mon année de seconde.

À l'école et au collège, j'étais un élève moyennement motivé et outrageusement feignasse, disons-le : j'ai même trouvé le moyen de redoubler mon CM1. Mais depuis ma découverte des Sciences économiques et sociales, je suis passé à la vitesse supérieure. Une révélation. En première, je n'ai carburé qu'à ça, trop heureux d'avoir fait de cette discipline l'option principale de mon bac. Et depuis la rentrée en terminale, tandis que mes joyeux comparses s'affrontent sauvagement à *Doodle Grub* sur Android, je bûche avec acharnement tout ce qui peut me servir à décrocher mon bac ES avec mention très bien. Autant dire que la honte, l'opprobre et l'infamie sont sur moi…

Car le grand principe de la vie du lycéen moyen, c'est de s'appliquer à montrer qu'il est moyen, justement. Mention spéciale à ceux qui parviennent à s'assurer de bonnes notes tout en étant ouvertement de gros glandeurs. Peu importe si le mec passe ses nuits à réviser ses cours à la lampe frontale, l'important, c'est surtout que ça ne se voie pas !

J'ai été comme ça moi aussi, mais cette année j'ai changé. (Y'a que les imbéciles qui ne changent pas d'avis, paraît-il.)

Quant au volet « débile » de ma réputation, ça ne s'est pas fait en un jour. Je crois même que ça me poursuit depuis longtemps… Sans doute depuis que Kévin est devenu mon ami, au collège. Il y a eu « effet de contagion ». Mine de rien, c'est une réputation qui demande de l'entretien : il faut être à l'affût des séries télé subversives, arborer des T-shirts avec des inscriptions farfelues, collectionner des trucs idiots, et enfin copiner avec les *geeks* à lunettes qui passent leur temps à parler tablettes graphiques, applications, logiciels et jeux de rôle.

Tout ça pour dire que, jusque-là, je n'avais aucune pression sociale. Mais en très peu de temps, grâce à la campagne d'intox menée tambour battant par Kévin, je suis passé du statut de *nobod** à celui de future star du rock.

Ce qui n'a pas été sans générer quelques malentendus…

Un jour, trois types qui prétendaient avoir formé un *band* sont venus me trouver, pour me demander ce que je jouais. Quand je leur ai dit que je composais, l'un d'eux m'a lancé : « On t'embauche ! » sans même savoir ce que j'écrivais. Quand je le leur ai fait remarquer, ils m'ont demandé quelles étaient « mes sources d'influence ».

---

* Un *nobod*, dans mon lycée, c'est un intello sans amis. Paraît que les étudiants des grandes écoles disent *polard* et les anglais disent *nerd*. Voilà, vous pouvez fermer vos cahiers.

– Euh… Si vous avez le temps, je peux vous faire une liste. Mais en gros, ça va de Ray Ventura dans les années 1930, à la vague punk de 1974, jusqu'à la pop anglaise des années 1990…

– Oasis, Blur, tout ça ?

– Oasis, non. Blur, oui, à cause de Damon Albarn. Vous voyez qui c'est, au moins ?

Ils ont sorti leurs plus beaux rires de bourrins offensés :

– On connaît Gorillaz, ça va, merci ! T'aimes le grunge ? Nirvana, Pearl Jam, Sonic Youth ?

– Beurk.

– Et Coldplay, Muse, tout ça ?

Là, j'ai enfoncé trois doigts au fond de ma bouche. Un truc que je ne devrais jamais faire. Ça marche vraiment : j'ai eu un haut-le-cœur qui m'a fait bondir sur mon banc, et les mecs se sont écartés de trois pas, pensant que j'allais vraiment leur gerber dessus. L'un d'eux, le plus obstiné, a repris :

– Bon, en gros, t'écoutes quoi ?

– En gros ? J'écoute rien de *gros*, telle est ma devise. *Small is beautiful.* Plus un groupe est gros, plus il pue. En ce moment, j'écoute The Fratellis, The Rascals, Little Man Tate, Harrisons…

– Ouais, que des trucs qu'on connaît pas, quoi… T'es snob, non ? a estimé l'un d'eux.

– Oui, voilà. *J'suis snob*, vous connaissez pas Boris Vian ?

Ils avaient l'air vexé. Il y a un truc que j'oublie toujours, quand je parle à un groupe de mecs de mon âge, c'est qu'ils sont en *groupe*, justement. Et moi pas…

J'ai jugé prudent de détourner leur attention :

– En fait, si vous voulez tout savoir, mon grand kif, c'est le *groove* des années 70, le funk…

– La soul ?

– Ah non, la soul j'aime pas, le R'n'b non plus.

– Ouf ! Rassure-moi, t'aimes pas Michael Jackson ? a fait l'un d'eux en se poilant.

– Ah si, pardon ! Michael Jackson, total respect ! Lui, c'était un Grand !

Ils sont repartis, médusés, me tournant le dos sans rien dire, comme si une voix lointaine les avait appelés. Et ils ne m'ont plus jamais demandé d'écrire des chansons pour eux, ce que je n'avais aucune intention de faire. En revanche, à cause de cette conversation, je suis passé illico dans la catégorie (assez respectée) des « musicos ultrapointus qu'on pige rien quand ils causent».

J'ai commencé à vraiment m'inquiéter lorsque je me suis aperçu que la rumeur avait franchi la porte de la salle des profs.

Mon prof d'histoire venait de me rendre un devoir sur « L'émergence des démocraties populaires en Europe de l'Est dans les années 50 », et ma note de 8/20 n'était pas de celles auxquelles je l'avais habitué (comme quoi, il vaudrait mieux parfois être complètement imprévisible). En me rendant mon devoir, il a pris une mine sévère à laquelle, moi non plus, je n'étais pas habitué. Depuis la rentrée, j'avais plutôt eu droit de sa part à des clins d'œil complices.

– Maxime, visiblement vous passez trop de temps avec votre guitare… Vous feriez mieux de vous concentrer sur vos *vrais objectifs* !

Tous les autres se sont esclaffés haut et fort comme si c'était le truc le plus désopilant qu'ils aient jamais entendu. Typiquement le genre de situation où vous avez envie d'arroser tout le monde de napalm avant de vous immoler par le feu en hurlant des slogans nihilistes en allemand.

Dans la classe, tout le monde sait que mon « vrai objectif » est de tenter le concours d'entrée à Sciences-Po. Or, pour pouvoir être admis plus facilement, il faut décrocher une mention *très bien* au bac, comme je vous l'ai déjà dit (j'espère que vous suivez un minimum). Hélas, ce noble but est vite devenu un sujet de moqueries. Dans certaines matières, c'est vrai que je m'accroche, parce que je n'ai pas la *science diffuse*, comme dit Kévin – et je m'en fous que ça se voie. Oui, je bosse, et alors ? Quand on me fait remarquer que mes 18/20 me laissent des cernes sous les yeux et des auréoles sous les bras, je laisse dire. Je parviens même à sourire. Un exploit, quand on connaît le fond de mon caractère qui n'est pas franchement porté à la tolérance… Je me dis qu'après tout, quand je ferai de la politique pour de bon, j'aurai pas fini de côtoyer des cons. Ça me fait un stage.

Du coup, mon attitude *kung-fu master* les décourage un peu. Pourtant, ce jour-là, il y en a eu un pour lancer :

– Monsieur, c'est quoi, les « vrais objectifs » de Maxime ?

Il y a eu de nouveaux rires, et puis quelqu'un a jeté :

– L'urgence, c'est surtout de lui trouver une meuf, non ?

– Faudrait qu'il puisse *vider son sac*, quoi… *Décharger* un peu la pression…

Hé ben, voilà.

Natacha dit souvent que les mecs pensent avec « autre chose que leur tête ». J'ai toujours trouvé ça sexiste, insultant et typique de l'autodéfense féminine… Mais quand j'entends les mecs de ma classe, je me dis qu'elle a raison.

La grosse rigolade qui s'est ensuivie a été brutalement interrompue par un coup de classeur asséné sur la tête du mec qui venait de parler. Le prof et moi-même nous sommes retournés vers les fauteurs de trouble, qui s'agitaient quelques rangs plus loin. À ma grande stupeur, j'ai constaté que le vengeur masqué n'était autre qu'Alexandra.

– Mademoiselle Venturini, c'est vous qui venez de frapper votre camarade ?

– Oui, c'est pour lui apprendre à dire des conneries, a-t-elle répliqué avec le plus grand calme.

– Sur le fond, je ne vous blâme pas. Ce sont vos méthodes qu'on peut critiquer… a plaisanté le prof.

Je croyais que vous vous intéressiez aux métiers de la justice ? Vous feriez mieux d'argumenter plutôt que frapper… Il me semble que ce serait plus dans le ton.

– Et *le bras armé de la loi*, alors ?

– Le droit pénal, ce n'est pas directement l'application des peines, voyons ! Que faites-vous de la procédure judiciaire, Alexandra ? J'insiste : vous avez frappé avant d'argumenter. C'est une mauvaise habitude. Où irions-nous, si la société prenait ce chemin-là ?

La classe s'est mise à rire, de ce petit rire de connivence qu'on a avec les profs dès qu'on soupçonne qu'ils se sont permis d'exprimer une opinion personnelle (je ne sais pas comment c'est chez vous, mais dans ma classe, interpréter et détourner les propos des profs pour en déduire leurs convictions politiques, ça tourne à l'obsession).

Alexandra a soufflé sur les mèches rouges qui tombaient sur son front, en signe de colère rentrée. Elle fait vachement peur quand elle fait ça. Cela dit, en cinq ans d'amitié assidue, je ne l'ai jamais vue péter une Durite en classe. Loin de se mettre à râler, elle a relevé le défi et s'est mise à énoncer d'une voix claire et forte d'avocate :

– O.K., on y va. J'argumente. Je crois que vous faites erreur, monsieur, parce que la guitare, ça peut être un *vrai objectif*. Y'a pas que le bac dans la vie. Quant à lui (a-t-elle fait en pointant son index accusateur sur le pauvre type qui se massait le crâne devant elle), il se trompe aussi, parce que Max a déjà une meuf. Je ne vois donc pas en quoi il y aurait urgence à lui en trouver une.

Il y a eu un petit murmure d'approbation dans la classe, et les regards se sont reportés sur moi, qui venais de rougir assez bêtement.

– Ouh ! là là ! a fait quelqu'un d'une voix sucrée. Les chochottes !

J'ai reconnu la voix châtré de Don, alias Donald*, un mec aussi lourd qu'une installation Vista sur un vieux PC.

Tout le monde riait.

Kévin, assis à côté de moi, s'est subitement pris le front dans les mains, comme accablé par le fardeau de la vie. On aurait dit la photo de Baudelaire sur le manuel de français de première.

– La discussion est close, a proclamé notre enseignant. Quant à vous, Maxime, quels que soient vos *objectifs* désormais, j'attends mieux au prochain devoir.

J'ai acquiescé sans rien dire, tandis que Kévin griffonnait un truc dans la marge de ma feuille de cours. Depuis le « Ouh ! là là ! » ironique, il n'avait pas quitté sa tête de poète maudit et ça commençait à m'énerver. J'ai lu ce qu'il venait de marquer dans la marge de ma copie :

---

* C'est son vrai prénom, je vous jure ! Mais il préfère qu'on l'appelle Don, pour d'évidentes raisons.

« Pêcheur, prépare-toi ! La fin du monde est proche ! »

J'ai pris un stylo et dessiné en dessous un point d'interrogation géant. J'avais bien reconnu la réplique du prophète fou dans *Tintin et L'Étoile mystérieuse*, mais je ne voyais vraiment pas ce que ça venait foutre ici…

– Tu piges donc rien ? m'a-t-il demandé alors qu'on quittait la salle d'histoire pour le bâtiment des sciences.

J'ai haussé les épaules en signe de lassitude intense. S'il y a bien un truc qui m'énerve, c'est qu'un type qui a la moitié de mon QI se permette de me traiter d'abruti. J'aime bien Kévin, mais faut avouer que c'est tout de même pas Einstein (dont il est persuadé que le prénom est Frank…).

Je me suis retourné pour voir si Alex nous suivait. En effet, je l'ai aperçue dans le couloir, à quelques mètres de nous, en train de discuter avec une fille de terminale L. Une nana à qui elle parle de temps en temps. J'avais envie de la remercier d'avoir frappé l'idiot de service, et je n'avais pas encore pu le faire. J'ai sifflé dans mes doigts pour l'appeler (ce qui n'est pas d'une grande élégance, certes, mais je ne vois pas pourquoi je serais élégant avec Alex).

Avant qu'elle nous rejoigne, Kévin m'a tiré par la manche :

– Mais, t'es con ou quoi ? Tout le monde croit que tu sors avec elle, maintenant, et toi tu la siffles dans les couloirs ?

– Mais…

J'ai à peine eu le temps de grimacer en tentant un début de phrase, parce qu'Alex, qui avait couru pour nous rejoindre, venait de se jeter sur moi en s'agrippant à mes épaules, comme pour un plaquage au rugby.

J'ai failli tomber, mais je me suis rattrapé et j'ai saisi ses jambes pour la porter sur mon dos jusqu'aux escaliers. Kévin nous suivait en répétant d'un ton désapprobateur, tel Zazu, le piaf du *Roi Lion* de Disney :

– T'es dans la merde, mon vieux. Tu diras ce que tu voudras, mais t'es dans la merde… Tu verras, plus tard, tu te souviendras de ce que je t'ai dit…

Évidemment, il avait raison.

Kévin a toujours raison.

3 . *Singing in the* douche

Quand on est banlieusard, l'avantage de fréquenter une Parisienne, c'est qu'on sort un peu de son trou.

Vu que pour Natacha, les sorties en banlieue ressemblent à des expéditions polaires, c'est souvent moi qui me déplace. J'ai déjà eu l'occasion de la retrouver au marché de Montmartre, à la médiathèque de Beaubourg, aux arènes de Lutèce, sur l'esplanade de La Défense et dans des tas d'endroits où je n'avais jamais foutu les pieds en dix-huit années d'existence. L'étudiant parisien ayant un territoire de chasse assez vaste, elle me promène donc d'un coin de la capitale à l'autre, et je suis en passe de connaître par cœur mon *Indispensable**.

Ainsi, ce vendredi soir de septembre, elle m'avait donné rencard après ses cours, place Saint-Michel. J'en avais profité pour faire le tour des marchands

---

* Le plan de Paris *L'indispensable* est un petit livre à la couverture bleue, qui est un peu aux Parisiens ce que le *Petit Livre rouge* de Mao était aux Chinois.

d'occasion, la famille Gibert au grand complet. Je ne m'étais rien acheté, principalement parce qu'à force de manipuler les CD pendant des heures, j'avais la nausée, comme si j'avais passé la journée dans une pâtisserie à tripoter des macarons.

De plus, j'étais tout de même trop remué par la perspective proche de retrouver Natacha pour m'intéresser aux disques. J'avais une drôle de boule dans le ventre, qui aurait très bien pu être un ulcère, où un petit *alien* en formation, tout prêt à me déchirer l'abdomen en criant « Maman ! ».

À l'heure convenue, je me suis dirigé vers la fontaine Saint-Michel où l'on devait se retrouver. Je ne sais pas pourquoi, mais il y a toujours une vraie faune là-devant. On dirait qu'ils attendent le bus, ou je ne sais pas quoi. Ça ne m'a pas plu. Moi, j'aurais préféré la retrouver dans un petit coin calme, à l'abri du Vaste Monde.

Là, non seulement j'avais peur de la manquer quand elle arriverait, mais je me demandais déjà ce que j'allais dire ou *faire* quand elle serait là. Évidemment, on n'en était plus à notre première rencontre (heureusement, parce que mes intestins n'étaient pas prêts à affronter une nouvelle diarrhée), mais on ne pouvait pas dire que j'avais beaucoup progressé dans l'art et la manière d'aborder sa chérie dans la rue.

Je me suis posté près de la fontaine, juste à côté des créatures marines non identifiées qui crachent de l'eau.

Il commençait à faire frais.

Comme d'habitude, Natacha était en retard. La connaissant, j'avais largement le temps de me geler les fesses. J'ai vérifié qu'elle ne m'avait pas appelé, mis mon smartphone en mode vibreur et l'ai fourré dans ma poche de jean, puis je me suis coincé les écouteurs dans les oreilles et poussé le son à fond. Ça me serait utile de me concentrer sur quelque chose d'autre, en attendant de la voir. Avant l'oral du bac de français en juin dernier, j'avais usé de la même stratégie et m'étais passé tout l'album de Dinosaur Jr., si bien que quand il avait fallu parler de Marivaux, j'étais tellement relaxé que, pendant cinq minutes, je n'ai rien fait d'autre que de rigoler bêtement.

Bon, O.K., l'exemple est mal choisi. Mais le principe est le même : il suffit de leurrer son cerveau en lui lançant une baballe très loin pour qu'il oublie le nonosse qui l'occupait. Le nonosse étant Natacha, restait à choisir une baballe à la hauteur. Juste écouter de la musique, pour une fois, n'aurait pas suffi. Fallait se donner une problématique, comme en philo. Déterminer, par exemple, combien d'instruments sont nécessaires pour créer un groupe qui me fasse envie. (Évidemment, je ne compte pas la guitare et la batterie. Je ne conçois pas un groupe de rock sans batterie*.)

---

* Je sais que ça existe, malgré tout, un groupe de rock sans batterie. C'est comme un Noël sans cadeaux, un été sans soleil, une crêpe sans Nutella : c'est triste, mais ça existe.

D'où le sujet suivant :

« Le nombre et la fonction des instruments dans la formation d'un groupe de rock répondent-ils à une nécessité rythmique, ou ne sont-ils qu'une pure convention ? Vous développerez librement, en vous appuyant sur des exemples précis, tirés de vos lectures ou de votre expérience artistique. »

Pour ne pas risquer de manquer Natacha quand elle arriverait, je suis monté sur le rebord en marbre de la fontaine. Ma vue aurait porté presque jusqu'au pont Saint-Michel, s'il n'y avait pas eu un rasta juste devant moi, avec un bonnet vert, jaune et rouge posé sur les nœuds de ses cheveux.

J'ai choisi sur le smartphone une chanson rock où la basse serait déterminante, et j'ai commencé à faire mes devoirs. J'ai avancé de quelques pas sur le rebord mouillé pour m'éloigner de l'énorme bonnet qui avait tendance à me déconcentrer.

Mon choix s'est porté sur *Nice' n 'sleazy* des Stranglers. Millésime 1978. Carrément cultissime. *Pa-ta-pa-ta-tam, pa-ta-pa-ta-tam*... Excellente batterie. *Dzang, dzang, dzang*, ça c'est la guitare électrique qui fait toujours la même chose, comme si elle n'avait rien à dire, la pauvre vieille – et là, crac, la basse qui se lance comme un accordéon, *ti-lou-li-lou-la* – une basse qui chante sa ritournelle, c'est pas commun. Dans *Nice' n 'sleazy*, on peut même dire qu'il y a inversion des rôles entre la guitare et la basse, dans la mesure où c'est la guitare électrique qui répète une rythmique simpliste, tandis que la basse se permet tous les développements mélodiques traditionnellement assumés par la guitare. Cette inversion novatrice préfigure en quelque sorte la coldwave tout en s'inscrivant, par la simplicité inventive de son jeu, dans la logique du punk. Ce qui démontre bien que les rôles des deux guitares ne sont pas figés.

(Pfiouu ! Pas mal, hein, pour un premier paragraphe…)

J'ai jeté un œil à la situation extérieure. Toujours pas de signe de Natacha. L'homme au bonnet a ramené d'une main ses *dreadlocks* dans son dos.

Deuxième écoute de la chanson des Stranglers. Je me suis intéressé cette fois à l'intervention de l'orgue Hammond, le même que chez les Doors. Bon. En avant pour le paragraphe 2.

Le clavier (synthé, orgue, piano, peu importe…) est un apport mélodique important. Peu de groupes s'en sont totalement passé, à l'exception du punk, il a même fait un retour en force dans la musique hard rock puis dans l'électro rock. Le véritable piano a même ses adeptes, comme la chanteuse rock Tori Amos, disciple et héritière de Kate Bush. L'autre option mélodique, évidemment préférée par le jazz, demeurant la trompette, ou tout autre cuivre : saxophone, clarinette.

Y-a-t'il des groupes de rock sans clavier, mais avec trompettes ? J'ai tripatouillé mon smartphone pour passer en revue mes quelque 2779 titres enregistrés. J'avais les doigts gelés et j'ai failli laisser échapper l'engin. L'attente devenait pénible et, malgré ma dissertation mentale, le trac commençait à revenir.

Avec lui, une furieuse envie d'aller aux toilettes.

« Fait chier ! », me suis-je dit en effectuant un demi-tour sur mes deux talons. Mes tennis ont couiné sur le marbre mouillé. Dans le mouvement, une oreillette s'est décrochée. J'ai voulu la rattraper au vol, déjà agacé d'entendre quelques secondes le rire tonitruant du *rastaman* devant moi.

Mais, fort heureusement, je n'ai pas eu à subir la rumeur du Vaste Monde plus que de raison.

Et pour cause…

Quand j'ai réalisé que j'étais en train de glisser du marbre, j'ai essayé de me rattraper à n'importe quoi devant moi. Ma main n'a rencontré que le bonnet rasta.

Il a sombré avec moi.

Je ne me suis pas vu tomber, mais je pense que ça devait être spectaculaire. Quand je me suis redressé, les fesses encore immergées, un attroupement s'était formé autour de moi. Quelques badauds aux yeux ronds me tendaient des mains secourables, tandis que le disciple de Bob Marley, lui, tentait de récupérer son bonnet qui flottait mollement dans l'eau verdâtre de la fontaine. On voyait bien que j'aurais pu flotter, moi aussi, la gueule ouverte et le ventre à l'air tel un poisson rouge en plein coma, il n'aurait pas tenté le bouche-à-bouche… Des Japonaises pouffaient de rire derrière leurs deux mains. Je me suis relevé, les oreilles encore pleines d'eau, j'ai tâtonné pour trouver mes oreillettes et vérifier l'état de mon smartphone.

J'ai pensé tout de suite à cette phrase de Bourvil découvrant sa 2 CV réduite en pièces détachées par la voiture de De Funès : « Elle va marcher beaucoup moins bien, forcément…*» Ça m'a toujours fait hurler de rire, mais allez savoir pourquoi, la vue de l'écran tout noir de mon smartphone ne m'a pas fait le même effet…

Et voilà que, en relevant le nez, pile en face de moi, au milieu des spectateurs hilares, j'ai aperçu… Natacha.

Elle ne riait pas. Elle avait plutôt l'air désolé.

– Ça va ? m'a-t-elle demandé.

– Oui, oui. Tout baigne…

– T'as bientôt fini ?

Ne voyant pas ce qu'elle voulait dire, je me suis approché, les bras écartés pour pouvoir faire de plus grands pas dans l'eau. On aurait dit que je n'avais fait que ça toute ma vie. Pour le coup, je ne me souciais même plus de dire ou de faire le bon truc : j'étais tellement ridicule qu'un peu plus ou un peu moins n'avait pas d'importance. En plus, j'étais suffisamment

---

* *Le Corniaud*, film de 1964. Rien à jeter, dans ce truc-là. Si vous voulez, on ouvre un *fangroup*.

contrarié par la mort de mon smartphone pour ne pas me demander quel effet j'étais en train de produire sur elle. Un effet désastreux, évidemment. Elle m'attendait, les mains sur les hanches, sa petite tête blonde aux cheveux courts penchée sur le côté d'un air de *nanny* anglaise contrariée. On aurait dit une petite Mary Poppins.

– Ça s'arrête à quelle heure, ton show aquatique ? a-t-elle fait.

Ça m'a fait rire. Pourtant, je n'en avais pas trop envie deux secondes avant. Preuve qu'elle est assez douée pour la blague. (Heureusement. Pour continuer à me fréquenter, faut avoir un sacré sens de l'humour.)

– Ben, ça ne devrait plus tarder. J'attendais plus qu'une otarie… et te voilà !

Elle a ouvert la bouche sans qu'aucun son ne sorte, puis elle s'est baissée vers l'eau et m'a aspergé copieusement. Les gens ont commencé à s'écarter de nous en grommelant. Jouer dans les fontaines, c'était super tendance dans les films de Fellini, mais en France en 2011, c'est la *tehon*.

– Va chier, Maxime Mainard !

Malgré ses insultes, elle était restée au bord du bassin. Trop tentant… J'ai tendu la main pour l'attraper, elle s'est débattue en riant, mais je n'ai rien lâché et elle a fini par plonger avec moi.

Quelques *splashes* plus tard, nous étions assis tous les deux, les fesses dans l'eau, sous l'œil morne d'un sphinx aux ailes de chauve-souris qui crachait son eau glacée. Les Japonaises avaient sorti les Nikon. On finirait dans leurs albums photo, avec cette légende « Couple de jeunes Parisiens typiques ». J'allais dédier aux kimonos une grimace vengeresse, mais Natacha a eu une autre idée pour faire un pied de nez aux fanatiques de la photo volée : elle m'a pris le menton pour me rouler un patin. Le genre de baiser de compétition, style tango argentin avec tortillas de langues et toutes les figures autorisées.

Je me suis senti rougir jusqu'aux oreilles. Quand j'ai repris mon souffle, je lui ai glissé, au bord de l'apoplexie :

– T'es folle ? Y'a au moins trois mille personnes !

– Voyez-vous ça, le grand garçon ! Tss... Grande gueule derrière ton clavier, hein, mais en chair et en os, y'a plus personne ! Faut que je te mette un bandeau sur les yeux pour t'embrasser, c'est ça ?

– Heu...

(Je n'ai évidemment rien dit, mais il y avait quelque chose d'assez séduisant dans cette idée...)

–T'es mimi, quand tu rougis comme ça... a-t-elle chuchoté d'un ton beaucoup moins moqueur.

On s'est embrassés une nouvelle fois, d'une manière un peu moins spectaculaire, peut-être, mais plus agréable, à mon avis. Le genre qui pourrait presque vous donner des idées, si vous n'étiez pas plongé à mi-corps dans l'eau glacée sous l'imposante statue de bronze de Saint Michel brandissant son glaive. Parce que, je ne sais pas si vous êtes comme moi (et là, je parle aux mecs, surtout), mais l'eau glacée, ça n'incite pas à l'exubérance. Quand une *certaine* partie de votre anatomie se voit transformée en escargot surgelé, on perd vachement en fougue.

Mais voilà que, soudain, Natacha s'est relevée comme un diable qui sort de sa boîte.

– Putain ! Mon portable !

Bienvenue au club…

Elle a tâté ses vêtements. Elle portait ce jour-là une sorte de longue veste bariolée tissée à la main au Pakistan (elle est du genre à s'habiller chez Artisans du Monde), heureusement sans poche. Elle a continué à fouiller, et a fini par le trouver dans une poche de son jean.

– *Michto* ! Il est nickel !

J'en étais ravi pour elle, mais d'autant plus désolé pour le mien… Ça a dû se voir, parce qu'elle m'a demandé :

– Pourquoi tu fais cette tête, chaton ?

J'aime bien qu'elle m'appelle *chaton*, même si je trouve ça un peu infantilisant sur les bords. Mais je suppose que c'est le genre de chose qu'on est censés se dire entre amoureux. (Perso, j'ai toujours pas trouvé comment l'appeler, alors j'expérimente des trucs différents à chaque fois.)

– Je crois que le mien est mort, par contre…

Je lui ai montré feu mon smartphone, à l'austère écran obstinément noir.

– Attends, c'est pas forcément foutu... Faut le laisser sécher.

– N'importe quoi. C'est pas un stylo à bille.

– Ben quoi, j'essaie de t'aider ! a-t-elle rétorqué, soudain agressive. Si ça te plaît pas, tu te le colles où je pense, ton gadget...

– Oh, ça va, c'est bon ! Pas la peine de me prendre de haut...

– Ah bon, et d'où tu veux que je te prenne ? J'arrive et je te trouve le cul dans l'eau ! Un vrai gosse. On ne peut pas te laisser cinq minutes sans surveillance !

Bon, ça y est, on allait recommencer à se prendre la tête... *So long*, l'ambiance fleur bleue. C'était trop beau.

J'ai glissé le téléphone dans une poche de ma veste. On est sortis de l'eau tous les deux sans rien dire, puis on s'est dirigés, tels deux poulpes, vers l'entrée du métro, en laissant une trace humide sur le bitume. Les gens s'écartaient sur notre passage, un sourire moqueur sur les lèvres.

– Bon, on va où, après ? a demandé Natacha.

– Heu... Je sais pas. J'ai pas réfléchi jusque-là.

Il est vrai qu'en me dirigeant vers la bouche de métro, j'avais surtout dans l'idée de me cacher.

– On n'a qu'à aller chez moi, a-t-elle dit sur un ton qui montrait bien qu'elle n'en avait rien à cirer que je vienne avec elle ou non. Avec tes conneries, faut que je me change...

Moi aussi, j'aurais bien aimé me changer, et je doutais fort de pouvoir le faire chez elle, à moins d'opter pour un look « *drag queen* boudiné ». Mais bon, j'aimais encore mieux rester tel que j'étais et continuer à dégouliner, que d'affronter le retour à Ivry, un vendredi soir, avec mes parents et ma sœur ouvrant des yeux tout ronds devant le spectacle que j'allais leur offrir.

– En plus, j'ai faim, a-t-elle maugréé.

Un truc à savoir sur elle : malgré son tout petit gabarit, Natacha est un ogre. Il faut qu'elle mange toutes les deux ou trois heures, sinon elle devient agressive et littéralement obsédée par la bouffe.

– T'es sûre que tu veux que je vienne ? ai-je demandé, par acquit de conscience.

– T'inquiète, a continué Natacha avec un petit sourire ironique, ma mère n'est pas encore rentrée à cette heure-ci.

Enfin une bonne surprise, me suis-je dit.

Mine de rien, ce serait la première fois que j'irais chez elle...

En chemin, j'ai essayé de ne pas trop m'attarder sur cette notion de « première fois »... Mais j'avais beau faire, je n'arrêtais pas de tomber sur quelque chose qui m'y ramenait immanquablement. On aurait dit une conspiration. Une publicité dans la station Saint-Michel proclamait « C'est le moment, profitez-en ! » et sur le quai d'en face, une autre affiche semblait lui répondre : « Il ne faut pas manquer ça ! »

Je me suis précipité à la suite de Natacha dans la première rame. Elle s'est arrimée à la rampe verticale et m'a jeté un regard froid, mais insistant. J'ai essayé mon sourire Colgate bifluoré, genre « Je fais le beau mais je suis con», mais ça ne lui a arraché qu'un vague rictus d'amusement, et elle a tourné la tête ailleurs.

Atmosphère, atmosphère...

Tout ça se présentait assez mal, quand même.

Pour calmer ma nervosité, j'ai essayé de fixer mon attention sur le plan du métro. *Bourse*, *Rue de la Pompe*... Hum. Pensons à autre chose. Euh... *Invalides* ? Bof. Allez, positivons : *Gaîté*, *Bonne Nouvelle*... Nouveau coup d'œil à Natacha, accrochée à sa barre poisseuse. Toujours zéro sourire à l'horizon.

J'en suis venu à me demander si c'était bien la même personne qui s'était jetée sur ma bouche (et tout ce qu'elle contient) avec autant d'enthousiasme, tout à l'heure. Si ça se trouve, j'avais rêvé tout ça. Ma chute dans la fontaine m'avait-elle fait perdre connaissance ? Et si Natacha avait une sœur jumelle ? Une double personnalité ? D'un côté, la fille qui rigole tout le temps, qui me sourit comme une fée, qui m'embrasse à la tractopelle, de l'autre, la bêcheuse qui me latte dès qu'elle en a l'occasion, aussi impitoyable que dangereuse. Et si...

Et si c'était moi qui déconnais ?

Quel besoin j'avais eu de l'entraîner dans la fontaine ? Et de lui répondre méchamment quand elle avait proposé de faire sécher mon portable ? Décidément, elle devait avoir l'impression d'être la princesse Fiona qui vient de rencontrer Shrek. (Et si, en plus, elle savait que j'ai des références culturelles de môme de huit ans, qu'est-ce qu'elle dirait ?)

Au bout d'un trajet compliqué et interminable, nous sommes enfin arrivés rue des Balkans. Une jolie rue étroite, bordée d'un parc, très excentrée mais tranquille, qui a le charme un peu cracra de Belleville.

Natacha y habite *seule avec maman dans un très vieil appartement*, comme dirait Aznavour. Il comprenait trois pièces, décorées dans un goût très hippie (tendance patchouli). Ses fenêtres mal isolées donnaient sur le square. Des tissus indiens bariolés s'étendaient partout, sans doute pour masquer le bordel, et des masques africains voisinaient sur les murs avec des photos d'enfants de toutes les couleurs. J'imagine que Mère Teresa n'aurait pas renié la déco.

Une fois la porte d'entrée refermée, on s'est regardés comme deux quiches, avec nos fringues trempées et nos têtes de gamins qui s'apprêtent à faire une connerie. Et... On a éclaté de rire en même temps. C'était les nerfs.

La tension qui se relâche...

Le grand manteau bariolé de Natacha était transformé en éponge géante. Elle l'a mis à dégorger paisiblement à la cuisine, où il laissait couler un filet d'eau rougeâtre sur le carrelage. Puis elle s'est précipitée sur un quignon de pain qui avait le malheur de traîner par là et l'a englouti en même temps qu'un carré de chocolat à pâtisser retrouvé dans un placard.

– T'es *ch*ûr que tu veux rien, Max*ch* ? a-t-elle fait entre deux bouchées.

– Non, non, j'ai pas faim. J'ai froid.

Il est vrai que mon jeu de castagnettes espagnoles s'améliorait de minute en minute. Je me suis défait de mes chaussures qui faisaient des bruits de succion. En dessous de nous se formait une petite flaque.

– On dégouline sur le parquet, a constaté Natacha qui venait de finir son en-cas. On va faire des taches partout, ma mère va criser… On n'a qu'à aller dans la salle de bains.

Wow !

J'ai eu un coup de chaud, tout d'un coup. J'ai balancé mes baskets dans l'entrée avant de la suivre comme un toutou mouillé.

Dans la salle de bains, on a étalé nos fringues sur le radiateur, avant de se rendre compte qu'il était éteint. Mon jean collait tellement à mes jambes que je pensais que ma peau allait partir en lambeaux quand je l'enlèverais. Après m'être débattu avec pendant cinq minutes, je me suis enfin retrouvé en slip boxer, torse nu, devant le miroir d'une salle de bains féminine… Gasp.

Le *big flip*.

Dans la glace, j'ai aperçu la tête de Natacha, derrière moi. Elle souriait en regardant mon reflet droit dans les yeux. Complètement tétanisé, je n'ai pas pu m'empêcher de lui demander à voix haute :

– Bon, on fait quoi maintenant ?

(La boulette...)

– Ben, toi je sais pas, mais moi je me douche.

Elle a enlevé ses derniers sous-vêtements, est entrée dans la baignoire et a tiré le rideau de douche sur elle.

Bon.

Voilà, voilà, voilà...

Là, j'avais deux options. Soit j'allais me faire griller des toasts en gentleman dans la cuisine, soit je décidais de franchir l'obstacle.

J'ai pensé à Kévin. Pour un peu, je lui aurais presque envoyé un texto pour une consultation express, mais je n'avais plus de portable. Puis j'ai pensé à Alex. Qu'est-ce que je ferais, si c'était Alex ? Heu... C'était une question relativement stupide. Certainement la dernière à se poser en pareil cas. Et pourtant, c'est ce qui m'a décidé à tirer le rideau de la douche.

– Houahh ! Tu m'as fait peur !

– Tu ne pensais pas que j'allais venir ?

– Euh... Non. Si. Je sais pas... J'espérais.

C'était mignon, toutes ces hésitations. Surtout de la part de quelqu'un qui n'hésite jamais à me balancer mes quatre vérités à la gueule. De la sentir si hésitante, pour une fois, et de la voir, surtout, les deux bras croisés sur la poitrine (elle avait dû faire un choix pour cacher quelque chose et ça s'était porté là-dessus, bizarrement…), je me suis senti tout ému.

Vous voyez le genre d'émotion*…

Natacha a laissé glisser son regard sur mon corps. Je me suis senti tout nu. Pourtant, je ne l'étais pas…

– Tu prends des douches en caleçon, toi ? m'a-t-elle demandé.

– Euh… Non, en principe. J'ai pensé faire une exception.

– C'est pas sympa. Moi, j'ai pas triché.

Certes. Elle avait même renoncé à se servir de ses mains pour se cacher. Ça méritait bien un effort… Je me suis défait de mon caleçon en me contorsionnant dans ce qui doit être la baignoire la plus petite de Paris. J'ai failli décrocher le rideau de douche en voulant me retenir à quelque chose, et puis finalement j'ai glissé comme une vieille chose au fond de la baignoire.

Natacha rigolait comme une bossue.

Elle s'est accroupie devant moi et a fait couler l'eau sur nous. On continuait à rire bêtement, parcourus d'une sorte de courant alternatif 50 Hz. Je me demande parfois si on ne serait pas les deux personnes

---

* On va encore dire que je ne parle qu'aux mecs. Alors que même pas.

les plus électriques du monde. Si ça se trouve, avec l'eau, on allait faire disjoncter tout Paris.

Elle a passé le jet chaud sur ma tête, ce qui m'a un peu calmé. Il était temps, parce que j'étais au bord de la crise de nerfs.

– T'es affreux comme ça, on dirait une huître !

Elle s'est remise à rire. Décidément, on n'allait jamais s'en sortir. Je ne sais pas comment c'est censé se passer, la fameuse « première fois », mais pour nous, ça prenait le chemin de la crise de fou rire géante où tu te pisses dessus.

Là-dessus, voilà qu'elle saisit un peigne en plastique au bord de la baignoire et qu'elle me plaque les cheveux en arrière.

– Aïe ! Mais t'es folle, tu joues à la poupée ou quoi ?

– Attends, Max, laisse-toi faire, j'ai toujours rêvé de voir à quoi tu ressembles quand t'as pas les cheveux dans les yeux !

Voilà bien une question que je ne me suis jamais posée. Quand j'étais petit, ma mère me coupait les cheveux très courts et un des premiers signes d'indépendance adolescente aura été pour moi de refuser de les couper. Non pas que je me sente moche avec les cheveux courts, c'est juste que…

– Whaaa ! T'es trop *cute* !

J'ai levé un sourcil en signe de perplexité.

– Oh, attends ! Bouge plus ! On dirait carrément, euh…

Elle a cherché un nom dans sa mémoire, pendant que mon sourcil droit commençait à se tétaniser. Je me demandais bien ce qu'elle allait me sortir…

– Attends, c'est un chanteur, des années 50… Il a joué dans des comédies…

– Euh… Bourvil ?

– Mais non, t'es bête ! Un Américain…

– Jerry Lee Lewis ?

– Mais non, un beau gosse ! Ma mère adore, il jouait dans des comédies musicales… Ah, voilà ! Sinatra ! Tu ressembles à Frank Sinatra, jeune !

– Yes !

Sincèrement, j'étais ravi. Je ne voyais pas tellement à quoi ressemble Frank Sinatra (jeune ou pas jeune) mais je connais très bien sa voix. C'est Mamie qui me l'a fait découvrir. À dix ans, grâce à elle, j'écoutais Nat King Cole, Tom Jones et Harry Connick Jr. Et cette chanson de Sinatra :

Fly me to the moon, let me play among the stars…

Natacha s'est assise comme moi au fond de la baignoire, on avait nos jambes emmêlées, je tenais ses genoux et je me suis mis à chanter.

Elle souriait. Peu à peu, à mesure que les paroles me revenaient (car j'ai toujours eu une excellente mémoire pour ce qui est de retenir les paroles des chansons), ma voix s'affirmait et mon imitation devenait un peu exagérée. Je dois avouer qu'il m'est difficile de résister aux tons graves. Ça fait vibrer les cordes vocales, ça chatouille la pomme d'Adam. *Crooner*, c'est presque une seconde nature chez moi. En plus, c'est pas pour vous abreuver d'allusions sexuelles, mais je trouve que de moduler des sons graves avec sa voix, ça donne un plaisir physique. Si, si. Essayez, vous verrez.

Je conçois que, pour l'auditeur, ça puisse devenir lassant, surtout si on persiste à tonitruer dans ses oreilles. Natacha a mis une main sur ma bouche pour me faire taire, ce qui n'a pas marché. J'ai chanté plus fort. Du coup, son autre main a glissé sur mon torse… avant de finir sa course… *ailleurs*. De surprise, la chanson s'est arrêtée net.

Elle a remis un doigt sur ma bouche. Et là, malheureusement, par un réflexe stupide que je ne m'explique toujours pas, je l'ai mordue.

De toutes mes forces.

Elle a poussé un hurlement suraigu qui m'a laissé à moitié sourd. En tout cas, suffisamment sourd pour ne pas entendre la clé qui tournait dans la serrure au même moment…

Tandis que je suffoquais sous l'atroce pensée que je lui avais peut-être arraché un doigt, un hurlement du fond des âges a couvert les gémissements de Natacha.

– Haaaaaa ! Mon Dieu, non ! Oh, non ! Qu'est-ce que c'est que tout ce sang !

Natacha a arrêté de contempler son index, qui gardait la trace de mes dents, pour fermer l'arrivée d'eau. Quand le cri a retenti, on s'est regardés, les yeux arrondis par la surprise.

Je dois dire que j'étais tout aussi terrifié que la créature hystérique qu'on entendait hurler de l'autre côté de la cloison.

– C'est la voix de ma mère, a chuchoté Natacha.

C'est alors que la porte de la salle de bains s'est ouverte en grand, sous l'effet d'un coup de pied phénoménal.

– Qu'est-ce qui se passe, ici ? a lancé une voix qui déraillait sérieusement dans les aigus. Natacha, c'est toi qui cries comme ça ? Sors de là, par pitié !

– Euh… Là tout de suite, je ne peux pas, maman, a fait Natacha en glissant la tête en dehors du rideau de douche.

– Qu'est-ce qui se passe ? Il y a quelqu'un avec toi, hein ? J'ai vu les chaussures dans l'entrée… J'ai un téléphone dans la main ! Je vous préviens ! J'appelle la police !

Natacha a attrapé une serviette, s'est enroulée dedans et s'est extirpée de la baignoire.

Entre la fille et la mère, il doit y avoir eu un échange de regards consternés, car un bref silence s'est ensuivi. De mon côté, je tentais de battre mon record d'apnée tout en fixant les motifs abstraits du rideau de douche dont je commençais à connaître les moindres volutes.

– Mais enfin, a chuchoté rapidement la mère de Natacha, c'est quoi, tout ce sang, dans la cuisine ?

– Du sang ?

– Mais oui ! Il y a une grande flaque rouge sur le carrelage…

Il y a eu un moment de stupeur. J'étais encore en train de chercher de quoi elle voulait parler, lorsque Natacha a éclaté de rire.

– Ah, ça ! Mais c'est rien, c'est juste mon manteau qui dégorge. Je l'ai fait sécher à la cuisine, mais tu sais, la teinture artisanale, c'est pas terrible…

– Ah ! J'aime mieux ça… Tu es sûre que tout va bien ? a ajouté la mère poule en chuchotant. C'est, euh… *normal*, que tu cries comme ça ?

– Mais oui, maman, pas de panique ! J'ai crié parce que… Hmm, comment dire… Mon copain m'a mordue.

Merde, alors !

Elle n'était tout de même pas obligée de lui dire ça ! Pour notre première rencontre, voilà que j'allais passer pour un pervers. Le genre de type qui s'amuse à rejouer la scène de la douche dans *Psychose*, mais en mode *real life*, juste pour le fun. Le gendre idéal, quoi ! Du coup, n'écoutant que mon orgueil blessé, j'ai décidé de m'extraire de la situation gênante où je me trouvais. M'enroulant dans le rideau de douche telle la momie d'Akhenaton* avant déballage, j'ai passé, moi aussi, ma tête de côté, de façon à voir et me faire voir de la reine mère.

* Le pharaon, pas le chanteur. Premier et unique pharaon monothéiste de l'histoire, sosie des frères Bogdanoff et mari de Néfertiti (attention, y'a interro à la fin).

– Bonjour, madame.

– Bonjour, jeune homme.

(Carrément shakespearien, comme dialogue.)

– Bon, eh bien, maintenant que les présentations sont faites, a enchaîné Natacha qui dégoulinait dans son drap de bain, ce serait sympa si tu pouvais nous laisser nous rhabiller, quand même…

La maman s'est éclipsée, non sans un dernier regard dans ma direction, dont on ne pouvait augurer rien de bon.

Se rhabiller.

La chose est facile, quand on a de quoi le faire. Or, nous n'avions rien à nous mettre. Il faut dire qu'au moment d'entrer dans la salle de bains, on n'avait pas forcément prévu que les choses tourneraient comme ça… Perso, je n'avais même rien prévu du tout. C'est un peu comme avant de sauter en parachute. Tu prépares pas forcément ton Nesquik pour le petit déj' du lendemain…

Je suis donc sorti de la salle de bains, enveloppé dignement dans un peignoir en velours rouge, tandis que Natacha se glissait en culotte jusqu'à sa chambre à coucher avec nos vêtements trempés. Hélas, voilà que dans le couloir, je recroise la génitrice.

– Alors comme ça, c'est vous, le petit ami de ma fille, hein ? Maxence, c'est ça ?

– Non, moi, c'est Maxime.

– Ah bon ? Parce qu'il y en a plusieurs ?

J'ai eu un temps d'arrêt. Soit elle était complètement disjonctée, soit elle aimait beaucoup la plaisanterie. Quoi qu'il en soit, il serait toujours temps de voir ça plus tard. Il y a des choses qu'on a modérément envie d'approfondir quand on est à poil sous un peignoir.

On a entendu la voix de Natacha qui criait depuis sa chambre :

– Maman, fous-lui la paix !

Quelques heures plus tard, je mangeais du quinoa à la sauce tomate, à genoux devant la table basse de leur salon, et toujours en peignoir. Mes fringues n'avaient pas séché. Ni Natacha ni sa mère n'avaient été en mesure de me fournir de quoi me rhabiller. Il n'y avait pas de garde-robe masculine à la maison, depuis le départ du père de Natacha, quelques années plus tôt.

Il avait été décidé que je ne pouvais décemment pas traverser Paris dans un peignoir en velours rouge. Depuis leur téléphone fixe, j'avais donc appelé chez moi et j'étais tombé sur ma mère, qui a pris soudain une voix chevrotante pour me souhaiter *bonne soirée*, lorsque je lui ai dit : « Je dors chez ma copine. » On aurait dit que je lui annonçais mon kidnapping.

C'est bizarre, les mères. Quelques mois plus tôt, quand la mienne a cru bon de disparaître en Corse sans me donner de nouvelles, ça ne l'a pas gênée plus que ça. J'étais censé me prendre en main et jouer les grands garçons. Mais que je passe la nuit auprès de ma blonde, et voilà qu'elle se prenait pour Jeanne d'Arc sur son bûcher… Tout juste si on ne pouvait pas sentir des effluves de martyr grillé à travers le combiné.

Après dîner, on a débarrassé vite fait la table basse, puis la mère de Natacha a sorti les jeux de société. Chez moi, on allume plutôt la télé, ou bien chacun s'enferme dans sa chambre. Mais depuis son divorce, paraît-il, la mère de Natacha met un point d'honneur à clore chaque dîner par un moment en tête-à-tête avec sa fille. Quant à la télé, j'ai cru au départ qu'il n'y en avait pas, avant de découvrir un petit écran poussiéreux enseveli sous une tonne de magazines.

Ça me faisait presque de la peine.

– Maddox, vous jouez au Scrabble ?

N'ayant pas compris qu'on me parlait, je n'ai pas tourné la tête. Mais Natacha a répondu pour moi :

– Oui, t'inquiète, maman, il adore ça !

Pour une *première* soirée de *première* fois avec sa *première* copine, on peut décemment espérer mieux que de jouer au Scrabble avec sa mère…

J'imagine qu'il y en a parmi vous qui, face à une telle contingence, se prendraient la tête de désespoir, ou dégringoleraient les cinq étages en maudissant le Vaste Monde et les belles-mères en particulier. Je dois dire que j'ai eu, pendant quelques instants, envie d'en faire autant. Mais au bout du troisième tour de plateau, je me suis rendu compte que c'est avec fébrilité que je piochais mes lettres dans le petit sac vert. En fait, j'avais super envie de gagner…

C'est tout moi, ça.

Hélas, la maman de Natacha est une pro qui nous a battus à plate couture, grâce à de ridicules mots de trois lettres pleins de W, Y, Z (que je la soupçonne d'avoir inventés). J'ai eu un bref instant de déception, jusqu'à ce qu'elle annonce qu'elle allait se mettre au lit « *with an improving book* »*. Natacha m'avait prévenu que sa mère était prof d'anglais, ce qui ne m'avait pas particulièrement impressionné. Mais je me suis souvenu, à ce moment-là, que les profs d'anglais sont majoritairement de doux dingues qui cultivent une obsession maladive pour leur langue de prédilection et tout ce qui s'y rapporte. De toute ma scolarité, en tout cas, je n'ai jamais rencontré que des *serial teachers* de ce calibre. Peut-être ai-je joué de malchance. Ou pas. Car après tout, mon goût pour tout ce qui est *british* me vient aussi d'eux, et de cette espèce de fantaisie qu'ils inspirent.

Toujours est-il que sa citation *in english* a arrêté mon attention. Tandis qu'elle quittait la pièce, je me suis soudain écrié : Jeeves ! (Ce qui était, j'en conviens, une drôle de façon de la rappeler.)

Elle s'est arrêtée sur le seuil, comme foudroyée.

Puis s'est tournée vers moi :

– Vous avez reconnu ? a-t-elle fait, en proie à une suffocation qui semblait annoncer ou une attaque cardiaque ou une joie intense.

---

* « Avec une saine lecture », pourrait-on traduire.

Natacha, perplexe, nous regardait alternativement.

Le fait est que je venais de reconnaître une des répliques favorites de Jeeves, l'impeccable valet de Bertie Wooster dans les romans de P.G. Wodehouse.

– Si je connais ! J'en suis à mon quatrième *Jeeves*…

– Et vous le lisez en anglais ?

– J'essaye… J'ai une édition bilingue.

C'était vrai. C'est Mamie (encore elle) qui me l'a offerte pour mon seizième anniversaire.

– Épatant ! Natacha, ce garçon est épatant ! a-t-elle décrété en se tournant vers sa fille.

Laquelle lui a répondu, le plus simplement du monde : « Oui, je sais. » Sa mère a ajouté, avec un sourire amusé :

– Et puis, il est mignon comme tout, dans son petit peignoir. On en mangerait.

Sur ces bonnes paroles, la maman cougar s'est retirée dans sa tanière. Il était temps, j'allais m'inquiéter.

Natacha a posé ses mains fraîches sur mes joues.

– T'es tout chaud.

– J'ai eu un coup de sang, là.

Elle m'a tiré par la main pour m'amener dans sa chambre, séparée de celle de sa mère par le salon.

– T'es sûre qu'elle va pas rentrer dans ta chambre en pleine nuit ?

– Mais non, enfin ! Elle a l'air un peu collante, comme ça, mais en fait, elle me fout la paix ! Elle ne va pas venir nous surveiller…

– C'est pas qu'elle nous surveille qui m'inquiète. C'est plutôt qu'elle veuille profiter de l'occasion…

– Rhoo, arrête, Max !

Elle a quand même donné un tour de clé. J'ai fait semblant d'être rassuré, mais j'étais encore un peu inquiet. Pas trop à cause de la mère, d'ailleurs (je l'avais un peu surjouée, cette scène-là). Plutôt à cause de la fille… Parce que bon, maintenant qu'on était un peu tranquilles, il était évident qu'on n'allait pas continuer à jouer au Scrabble…

J'ai décidé d'appliquer ma méthode de relaxation n°2. Ça consiste à expirer très fort en pensant qu'on va devoir sauter en parachute. Je sais, c'est débile. Mais à force de souffler, on est en hyperventilation, on a la tête qui tourne et on s'aperçoit que ce qui nous attend vaut infiniment mieux que de sauter en parachute.

– Qu'est-ce qui t'arrive ? Tu fais une crise d'asthme ? m'a demandé Natacha, soucieuse de ma santé.

Pour toute réponse, j'ai foncé droit sur elle, du genre « J'ai de *vrais objectifs* et je m'y tiens. » La scène de la douche nous ayant quelque peu décoincés, c'est sans chichis que je me suis défait de mon fantastique peignoir.

Quant au reste… Vous n'avez qu'à faire un effort d'imagination.

C'est vrai, quoi !

Faut tout vous dire.

4 . Où l'on enterre un téléphone et déterre la hache de guerre

Le lendemain matin, après une nuit sur l'espèce de grille-pain qui sert de radiateur dans la chambre de Natacha, mes fringues étaient toutes cartonneuses. On aurait dit un costume en bois. Mais ça n'est pas non plus comme si j'avais le choix. J'ai enfilé mon habit de papier mâché pendant que Natacha se payait le luxe de passer une robe légère juste devant moi, alors que je n'allais même pas la revoir de toute la journée.

– T'es bien, comme ça, lui ai-je dit. T'es, euh... très bien.

– Dis donc, c'est fou ce que t'as comme vocabulaire, toi, le matin.

Évidemment, si elle espérait que je lui refasse le coup de l'alouette ou du rossignol, elle était mal barrée*. C'est pas faux de dire que je ne suis pas du matin. Surtout un matin comme ça... après une nuit comme ça.

---

* *Roméo et Juliette*, acte III, scène V (en gros, Roro et Juju, après leur nuit de noces, s'engueulent gentiment pour savoir si c'est le matin ou le soir...)

Sa mère avait disparu vers huit heures, laissant sur la table de la cuisine, à côté des paquets de biscottes, un petit mot libellé comme suit :

« Bonjour les jeunes ! Bien dormi ? Ha ! Ha !

N'oubliez pas de descendre la poubelle en partant, merci. Mathieu, revenez quand vous voulez, vous êtes charmant. »

Décidément une marrante, cette mère.

J'ai accompagné Natacha jusqu'au métro. Elle avait un cours de psycho-pathologie à dix heures à Boulogne-Billancourt, et vu qu'on s'était levés à neuf heures, on a écourté les adieux au maximum... Concrètement, ça veut dire que j'ai juste eu le temps de la voir s'engouffrer dans les escaliers du métro.

– Tu m'appelles, ce soir ? a-t-elle crié en dévalant les escaliers.

C'est en lui répondant *Oui* que je me suis souvenu...

La nuit précédente avait effacé tous les mauvais souvenirs de la veille. Pourtant, mon smartphone n'avait toujours pas repris connaissance. Je l'avais fait sécher toute la nuit à proximité du radiateur. Vu que je ne me voyais pas rapporter sa dépouille à Ivry (j'imaginais déjà la tête de mon père, qui avait craqué sa prime de rentrée pour me l'offrir...), je me suis décidé à l'amener moi-même en consultation. Puisque j'étais à Paris, autant en profiter. J'ai pris le métro pour me rendre au Louvre, qui ne m'intéresse que parce qu'il abrite dans sa galerie le plus beau magasin du monde. Je ne vais pas citer de marque, parce qu'après on va dire que je fais de la pub – disons seulement que les vendeurs ont une pomme sur leur T-shirt, ça suffira.

Tandis que l'un d'eux effectuait, sur mon pauvre smartphone, divers tests ultrasecrets, je déambulais au milieu des tablettes numériques et autres écrans ultraplats. J'étais carrément dans un autre monde. Hélas, mon technicien, grave comme un employé des pompes funèbres, est revenu pour m'apprendre qu'on ne pouvait plus rien faire pour le défunt, sinon lui assurer un recyclage de première classe. Je me serais cru dans un épisode de *Six Feet Under*.

Un rapide coup d'œil aux modèles en vente a achevé de me déprimer. Ce n'est pas avec ce que j'avais gagné en faisant des inventaires dans les hypermarchés les week-ends que je pourrais me les payer... Les portes vitrées du paradis des *geeks* se sont refermées sur moi. Histoire de ne pas sombrer dans la dépression, j'ai repris le métro pour aller traîner un peu du côté de Jussieu, où j'avais remarqué, un jour que j'étais allé rejoindre Natacha, une quantité intéressante de magasins de disques d'occasion.

Là, au milieu des piles empoussiérées de 33 tours et des bacs de CD, la question du smartphone est soudain devenue très accessoire.

Quand on se retrouve plongé en pleine vague psychédélique, transporté quarante ans en arrière, on devient un peu moins sensible aux nouvelles technologies. Le vendeur, qui réussissait l'exploit d'être à la fois jeune, barbu *et* chauve, voyant que je m'intéressais à la musique des années 70, a arrêté de jouer au mahjong sur son ordi pour me consacrer une demi-heure. Un truc de ouf, impensable dans n'importe quelle grande enseigne soi-disant culturelle.

J'ai fini par lui acheter un disque du groupe *Question Mark & the Mysterians*, qu'il m'avait conseillé. D'après l'expert, c'est du garage rock « afro », peut-être le chaînon manquant entre le punk et le funk, datant des années 60. Une pépite, peut-être. Ou au moins, un Pépito. Que je me suis empressé d'aller écouter chez moi, bien fort, comme il se doit. (Enfin, « empressé » est un bien grand mot, puisque je suis quand même allé manger un kebab avant de prendre le RER.)

J'étais donc de retour un samedi après-midi à Ivry, à l'heure où ma sœur Alice, revenue de ses activités sportives, comate devant la télé. En principe.

Au lieu de ça, je l'ai retrouvée prostrée dans sa chambre.

– Ben alors, Boulette ? T'es punie, ou quoi ?

Je me sentais d'humeur joviale, un peu comme si je retrouvais ma famille après un fantastique voyage sur Jupiter. Mais la sœurette ne partageait pas mon enthousiasme.

– T'as oublié que tu devais m'accompagner à Vincennes aujourd'hui ! a-t-elle hurlé.

– Quoi ? Première nouvelle !

– C'était la journée d'initiation au poney club !

Damned. Maintenant qu'elle en parlait, ça me rappelait vaguement quelque chose. Il avait *peut-être* été question de ça, en effet, ces derniers jours… J'avais *peut-être* promis de l'accompagner, oui…

– Salaud !

Elle pleurait carrément.

– Dis donc, Boulette, faut pas abuser, non plus. J'ai peut-être un peu merdé sur cette affaire, mais…

– Et arrête de m'appeler Boulette !

Bon. Apparemment, va falloir changer de surnom. J'y peux rien, non plus, si elle a grossi depuis le début de sa puberté…

– Euh… Je le ferai plus, voilà.

– Tu vas voir, quand les parents seront rentrés !

– C'est quoi, ça ? Du chantage ?

– De la *Realpolitik*, a-t-elle répliqué en séchant ses larmes de crocodile Haribo.

Parfois, je regrette d'avoir initié ma sœur si jeune aux principes gouvernementaux. J'aurais peut-être pu attendre un peu…

– De toute façon, a-t-elle repris, ils sont déjà en pétard contre toi. À midi, maman a dit qu'il était temps que tu t'en ailles de la maison, puisque maintenant, tu ne rentres même plus pour dormir.

– Charmant.

Elle a levé vers moi un regard perfide. On aurait dit l'immonde gamine hantée par le démon dans

L'Exorciste. Elle aurait tourné la tête à 180 degrés que ça ne m'aurait pas surpris outre mesure.

J'ai jugé plus prudent de la laisser, des fois qu'elle me vomisse dessus comme dans le film, et je suis allé dans ma chambre. J'ai glissé le Pépito dans la chaîne hi-fi* et je me suis étendu sur mon lit.

C'était du bon son. J'ai commencé à me demander si la présence d'un instrument de percussion africaine ne serait pas un excellent moyen de créer une passerelle entre le rock et le groove, dans l'hypothèse d'un futur groupe... J'aurais pu avoir encore comme ça deux ou trois idées brillantes, si des parasites n'étaient pas venus créer des intermèdes dans ma réflexion.

Certaines images de la nuit dernière, par exemple...

Parasites fort agréables, qui ont fini par supplanter totalement l'idée du groupe de rock.

L'un dans l'autre, malgré la disparition de mon smartphone et la crise d'hystérie d'Alice, cette journée était en passe de se classer « Meilleure Journée de Tous les Temps »...

Jusqu'à l'arrivée de mon père.

En ce samedi après-midi, il revenait de sa permanence mensuelle à la Maison des syndicats, où il poireaute dans un bureau gris, sous un splendide

* Pour ceux qui rament un peu, précisons que je parlais d'un CD. D'après de récents tests, l'introduction de gâteaux dans une chaîne hi-fi peut nuire à la qualité du son. Ne le faites pas.

drapeau CGT, en attendant qu'un employé aux abois fasse appel à ses services. Généralement, il en revient excédé, les nerfs en pelote et le dos en compote. Le syndicalisme, ça use.

Quand il est entré, j'avais quitté ma chambre pour regarder *Les Zinzins de l'espace* avec Alice, tout en prenant un acompte sur le repas du soir en me gavant de graines de courge.

– Tiens, te revoilà, toi ? a-t-il lancé quand il m'a vu.

On aurait cru que j'avais passé trois semaines à Tripoli.

– T'as pas mieux à faire que de regarder des dessins animés ?

– Ben, non.

Alice s'est levée pour faire la bise à son *cher papounet d'amour chéri*, comme elle l'appelle les jours de distribution d'argent de poche. Opération Fayotage en cours.

– Alors, il est revenu à temps pour t'emmener au poney, ton grand frère ? lui a-t-il demandé, comme si j'étais privé de la parole.

– Non, il vient juste de rentrer…

– Quoi ? s'est-il récrié. C'est pas vrai ! T'as manqué ta sortie à Vincennes, du coup ?

– Ouiiiiiiii…

Ça y est, elle allait nous rejouer la grande scène du II. Quelle *drama queen* ! Histoire de couper court à son délire, j'ai lancé une télécommande sur Alice, qui l'a évitée de justesse. Malheureusement, l'objet est allé s'écraser contre un meuble et les piles en ont jailli.

Mon père a pris une inspiration énorme, qui laissait craindre le pire. Je me suis précipité vers la télécommande et j'ai remis les piles à leur place. J'ai essayé d'appuyer sur le bouton *off* de la télé, mais il ne s'est rien passé.

Après le portable, la télécommande… Décidemment, j'étais en train de dégommer tous mes gadgets favoris. C'est à qui, déjà, qu'on a dit : « Brûle ce que tu as adoré[*] » ?

Mon père a posé son blouson de moto sur le dossier du canapé, très calmement. Il avait toujours son casque à la main et me contemplait d'un œil mauvais. On aurait dit qu'il projetait de m'en balancer un coup dans la tronche. Le casque intégral, ça blesse.

– Je te préviens, tu vas me réparer ça.

Je ne voyais pas trop comment. La technologie, je suis surtout consommateur. J'ai malgré tout acquiescé d'un air contrit.

– On peut pas te faire confiance, alors ? Tu promets un truc à ta sœur et après, t'oublies ! Tu trouves ça mature ?

– Euh…

J'ai arrêté de chercher une réponse quand je me suis aperçu que les questions de mon père n'en étaient pas vraiment. Il fait partie de ces gens qui abusent des points d'interrogation.

---

[*] Oui, bravo ! C'est Clovis ! La dame au premier rang marque un point. (Ah bon, vous êtes prof d'histoire ? Ça ne compte pas, alors.)

– Tu ne pouvais pas appeler, ce matin ? On se serait arrangés !

– Ah ben, justement, c'est-à-dire que…

– Et puis, t'as fait tes devoirs, au moins ?

Je l'ai regardé, atterré. Il devenait de plus en plus difficile à suivre. Alice s'était levée pour éteindre la télé et était partie dans sa chambre, avec la satisfaction du devoir accompli.

– Mes devoirs ? Mais on est samedi !

– Et alors ? T'es en RTT ? Les devoirs, ça se fait justement le week-end. Et ne me dis pas que tu n'as pas de devoirs, j'y crois pas. T'es en terminale, bordel !

J'ai jugé plus prudent de baisser la tête, vu le ton que prenait la conversation. Aussitôt, j'ai entendu mon père ouvrir la fenêtre qui donne sur le balcon, et reconnu le craquement familier du briquet. Il était parti s'en griller une. Ça allait encore être de ma faute, s'il n'arrivait pas à arrêter de fumer.

J'ai rangé sa veste et son casque de moto dans le couloir, histoire de me rendre utile, et posé la télécommande défunte sur le meuble de l'entrée, avec les trucs à réparer. (Il y a déjà un pointeur laser cassé et une paire de lunettes de soleil à recoller.) Et puis, je suis allé dans la cuisine, vu qu'on approchait de l'heure du dîner, comme me le rappelait mon estomac.

Les samedis soir, le salon de coiffure où bosse ma mère fait sa *nocturne*. Il paraît qu'il y a des gens que ça éclate d'aller se faire couper les tifs à la tombée de la nuit. En l'absence de ma mère, c'est mon père qui fait la bouffe et notre mission, à Alice et moi, est de l'assister dans cette noble tâche. Je commençais donc à m'agiter en cuisine, quand mon père est arrivé. Tandis qu'il inspectait le frigo comme s'il effectuait un contrôle douanier, j'avais déjà sorti deux casseroles et commencé à faire bouillir de l'eau.

– Qu'est-ce que tu fais ? m'a-t-il demandé, radouci.

– Du couscous.

– T'as trouvé une boîte ?

– Ben, non. Mais y'a de la semoule, on va la faire gonfler, et puis on va faire bouillir deux, trois légumes.

Il m'a regardé comme si je venais de proférer une menace terroriste.

– Mais, c'est dégueulasse ! Enfin, Maxime, on n'a pas de sauce, pas de pois chiches, pas de viande, comment tu veux faire du couscous !

J'ai haussé les épaules.

– Tu sais, le couscous, c'est surtout dans la tête. On n'a pas besoin de viande ni de sauce piquante.

– Tu dis vraiment n'importe quoi.

– Ce que je veux dire, c'est qu'on n'est pas forcé de faire un repas dans les règles de l'art, tu vois. Il faut se concentrer sur l'essentiel. Hier soir, chez Natacha, on a mangé du quinoa, c'était…

Là, mon père a poussé un « Hmm ! » sarcastique qui ressemblait à un éternuement.

– Quoi, qu'est-ce que j'ai dit ?

– Écoute, Maxime. Si ta copine, c'est une *bobo* qui bouffe de la graine bio, tant mieux pour elle. Moi, je viens de passer une heure sur le périph', à slalomer entre les camions, alors quand je rentre chez moi, j'ai encore le droit de manger de la viande, si tu permets.

Ça y est. Mon père était passé en mode *Défense et illustration du prolétariat*. Les classes travailleuses et tout ça. Chez lui, la conscience populaire se mêle subtilement au machisme pour créer une alchimie subtile qui aboutit à ce théorème : « Je travaille beaucoup pour un salaire de merde, donc j'ai le droit de me taper de la bidoche. » C'est l'Internationale des bouchers.

J'ai préféré acquiescer et j'ai sorti du frigo un paquet de chipolatas.

– D'où tu sors ça ? m'a-t-il demandé, soudain radouci. Je les avais pas vues à l'instant.

– C'était planqué derrière les fruits et légumes. Comme ça, on est sûrs que t'y touches pas.

Il a fait « Ha ! Ha ! » et m'a gratifié d'une bourrade virile dans l'épaule. Apparemment, le gros du séisme était passé, mais je craignais les répliques…

Ma mère est rentrée un peu avant vingt-et-une heures. Découvrant dans le micro-ondes une assiette où trônaient deux chipos calcinées sur une couche de semoule grain moyen, elle a pris un air dégoûté. Faut dire que ça avait l'air de ce qui reste dans la litière d'Hector, le chat de Mamie, quand il n'a pas pris soin d'enterrer ses chefs-d'œuvre.

– Qui a fait la cuisine ? a-t-elle demandé à la cantonade.

– C'est Maxime ! a hurlé Alice, depuis le canapé du salon où elle regardait un *teen movie* débile sur NRJ12.

– Ça ne m'étonne pas, a grommelé ma mère.

Il s'est ensuivi une conversation à mi-voix dans la cuisine, entre elle et mon père qui faisait la vaisselle. Vu que j'entendais mon prénom cité plusieurs fois, j'ai pris le prétexte d'aller me chercher de la glace au congélo pour écouter ce qui se disait.

On n'est jamais trop prudent.

– Salut, M'man, ai-je fait d'un air folâtre en mimant une bise virtuelle.

– Tiens, te revoilà, toi... a-t-elle fait en poussant un soupir.

– Ouais, Al-Qaida m'a relâché. Même pas quarante-huit heures de kidnapping, tsss... C'est plus ce que c'était, le terrorisme !

Elle a secoué la tête en façon de « n'importe quoi » et s'est assise pour déguster son merveilleux dîner réchauffé. J'en ai profité pour allumer la radio : il était encore l'heure de *Jazz à FIP* et je savais que ça ferait plaisir à mon père d'écouter ça tout en se débattant avec la poêle où les chipolatas avaient attaché. Ô bonheur, la coïncidence a voulu que je tombe pile sur la fin d'une émission consacrée au jazz-groove-funky psychédélique, avec des extraits de Woody Herman. J'ai commencé à me mouvoir non sans grâce dans la cuisine, tout autour de ma pauvre maman qui finissait son couscous, version désert de Gobi.

– Tu pourrais aider ton père à essuyer la vaisselle, m'a-t-elle fait remarquer.

– Ça sert à rien d'essuyer la vaisselle, elle sèche toute seule, ai-je fait en claquant des doigts au rythme de l'excellent *Tight money* de Reuben Wilson.

Ça *groovait* sec dans la cuisine.

– Dis donc, Maxime, a commencé ma mère en souriant gentiment. Je sais bien que t'étais avec ta copine… Mais tu ne crois pas que t'aurais pu décrocher, quand même, ce matin ? J'ai essayé de t'appeler cinq fois, pour te rappeler d'accompagner Alice à Vincennes.

Je me suis arrêté de danser pour la regarder. Ma mère, c'est une grande brune au regard de killeuse, mais quand elle me sourit, je me sens tout mou. Du coup, fatalement, je me suis fait piéger comme quand j'avais cinq ans. J'ai lâché le morceau :

– Désolé, *mummy*, mais le problème, c'est que j'ai noyé mon smartphone.

J'ai cru qu'elle allait s'étrangler avec sa chipolata.

Mon père ne s'est pas retourné, il avait toujours les deux mains dans la vaisselle. Pourtant on a entendu un *clong* : il venait de laisser retomber la poêle dans l'eau sale et s'est retrouvé éclaboussé.

Il a été le premier à réagir. Je l'ai vu se retourner d'un seul mouvement, tandis que je surveillais ma mère du coin de l'œil, prêt à faire la manœuvre de Heimlich si elle s'étouffait pour de bon avec la saucisse (je suis un pro du secourisme depuis l'été dernier*).

– Quoi ? Tu veux dire le smartphone qu'on t'a offert cet été ?

– Ben oui, j'en ai pas douze.

– Comment ça, tu l'as noyé ? C'est une blague ?

– En fait, c'est pas compliqué, je suis tombé dans l'eau avec. Et, tu ne vas pas me croire, pour le prix, c'est même pas *waterproof*. C'est ballot, hein ?

Visiblement, mon père n'était pas enclin à la plaisanterie.

– Mais tu te fous de nous ! Tu sais combien ça vaut, ces conneries-là ?

– Oui, je suis passé au magasin ce matin.

– Et alors, tu crois qu'on est pétés de thunes ? Tu penses peut-être qu'on va t'en racheter un, comme ça, paf !

– Ha, ben non, j'osais pas en rêver... Mais si vous insistez...

Ma mère s'est levée.

En voyant mon père s'essuyer les mains d'un air déterminé dans un chiffon à vaisselle, je me suis senti un peu tout con avec ma blague.

– Maxime, à ta place, je ferai gaffe. Ça va partir tout seul, a prévenu mon père.

---

* Non, mais si vous voulez pas lire *Comment (bien) rater ses vacances*, vous n'êtes pas obligé, hein. Moi, ce que j'en dis...

Merci de prévenir, papa. Mais *avant*, ce serait mieux : au moment où il proférait ce sinistre avertissement, ma mère avait déjà dégainé sa dextre. Elle a horreur de l'insolence, et apparemment, je m'étais rendu coupable du délit.

5 . Où l'on découvre le marché du travail

Naturellement, ma *sister* s'est pointée à ce moment-là. Si j'étais condamné par un tribunal de l'Inquisition et ligoté sur un bûcher, elle n'irait peut-être pas jusqu'à allumer la mèche, mais elle se contenterait de m'arroser régulièrement d'huile.

Tandis que mon père vociférait tous azimuts, mélangeant dans une même détestation le smartphone coulé, les chipolatas brûlées, la télécommande foutue, les devoirs pas faits et le quinoa, ma mère débarrassait son assiette et nettoyait la table à grands coups d'éponge rageurs.

On aurait dit que c'était moi qu'elle voulait effacer.

– De toute façon, Max, a repris ma mère sur un ton plus calme que mon père (qui avait ouvert la fenêtre pour s'allumer une nouvelle cigarette), je vais te dire : ça ne peut pas continuer comme ça. La maison n'est pas un hôtel. Tu vas, tu viens : quand on rentre, on ne sait jamais si on va te trouver, quand t'es pas chez ta copine, t'es au Kremlin ou chez tes amis…

J'aurais bien protesté que j'étais quand même beaucoup plus souvent chez Mamie qu'ailleurs, et qu'on ne pouvait pas prétendre d'un ado qui passe son temps chez sa mémé qu'il est un rebelle en puissance, mais je sentais bien qu'ils ne s'arrêteraient pas à ce genre de détails.

– Franchement, tu ne peux pas dire qu'on ne t'a pas foutu la paix. On ne t'a jamais empêché de faire ce que tu voulais, si ? a demandé mon père, toujours accoudé à la fenêtre ouverte.

Encore une de ces fameuses questions qui n'appellent pas de réponse. J'ai failli me faire piéger, mais de toute façon, le match continuait sans moi :

– Le problème avec toi, Max, c'est qu'on ne sait jamais si on peut te faire confiance. On croit que ça y est, t'es un adulte, et puis, crac ! tu fais un truc de gamin… Et tu fous tout en l'air. Si tu ne voulais pas amener Alice au poney, t'avais qu'à le dire. Au lieu de ça, t'as dis oui sans réfléchir. Tu trouves ça responsable ?

– Euh…

– Et en prime, tu lui balances la télécommande à la tête ?

Devant cette nouvelle péripétie dont elle n'avait pas été informée, ma mère a esquissé le geste de lever les bras au ciel. Par association d'idées, sans doute, elle a ajouté :

– C'est comme quand tu as joué de la guitare dans le local à poubelles…

Alice, qui s'était adossée à l'embrasure de la porte et assistait au spectacle, les bras croisés, a pouffé. Notre mère l'a regardée avec reconnaissance, comme si sa présence venait lui apporter de nouvelles preuves à charge.

– Tu avais promis cette année de passer un peu de temps avec ta sœur, je t'avais demandé de surveiller les devoirs d'Alice, tu sais bien qu'on n'a pas le temps… Si tu n'étais pas d'accord, il fallait le dire.

Depuis le mois de septembre, Alice n'arrêtait pas de se plaindre des cours de collège « hyper trop durs » – à l'entendre, on aurait cru qu'elle venait d'intégrer Polytechnique, alors que tout le monde sait que la cinquième, c'est juste une année que tu passes à étudier les châteaux forts.

Évidemment, Alice en a profité pour jeter à tous un regard navré, comme une pauvre victime qui mettrait le peu de décence qui lui reste à ne pas se plaindre. Je lui en aurais bien retourné une à son tour, mais j'étais conscient que c'était juste un désir de vengeance provoqué par la baffe que je m'étais prise : la violence engendre la violence. Par principe, je fais en sorte que ça ne passe pas par moi.

Si la violence était un virus, je serais porteur sain*.

Mon père avait écrasé son mégot contre le rebord en aluminium de la fenêtre coulissante de notre

* Pas mal, hein ? Allez, je vous autorise à la reprendre, celle-là.

sixième étage. Ça semblait l'avoir un peu calmé. Il a repris, du ton sérieux dont il use pour m'expliquer les subtilités de la mécanique automobile ou l'histoire du rock :

– Le truc, tu vois, c'est que tu veux être indépendant, mais que tu t'en donnes pas les moyens ! Si tu veux être libre, sans nous rendre de comptes, O.K., pas de problème, mais ne viens pas nous dire, la bouche en cœur : « Ah !, au fait, j'ai cassé mon smartphone, j'en voudrais un autre » !

– Mais, j'ai jamais…

Plus moyen de finir mes phrases. Ni même d'en commencer.

– C'est un *deal*, au fond : on te donne la sécurité matérielle, mais en échange, on voudrait que tu fasses un effort pour être un peu avec nous, t'occuper de ta petite sœur, etc.

Là, mon sang n'a fait qu'un tour.

Mon père venait de commettre une grave erreur tactique en présentant leurs revendications parentales à la manière d'un principe économique.

J'ai sauté sur l'occasion pour l'interrompre :

– Alors là, *sorry*, mais je trouve ça vachement libéral, comme conception de la famille. Perso, je suis plus pour l'État-providence… Les citoyens contribuent au développement économique du pays, en échange de quoi, l'État subvient entièrement à leurs besoins sociaux tout en les protégeant des fluctuations du marché. Eh bien, la famille, c'est pareil, ça ne doit pas être soumis aux fluctuations du marché.

– Je ne vois pas en quoi tu contribues à notre *développement économique*... a ironisé mon père.

– Euh... Je représente une demi-part d'impôt, déjà. Vous me déduisez comme enfant à charge. Je crée une valeur ajoutée dans la famille, parce que, hum... je suis sympathique, serviable et intelligent. Et puis, je vous rappelle que j'ai toujours été contre l'argent de poche conditionné aux bonnes notes. Alors que, reconnaissez que ce système m'aurait été plutôt favorable.

– C'est justement *nous* qui avons arrêté ce système quand on s'est rendu compte que ça n'avait aucune influence sur tes résultats scolaires, a précisé ma mère.

– Justement, justement ! On ne doit pas travailler pour de l'argent ! Enfin, je veux dire, pas à l'école...

Malheureusement, la fin de ma phrase et les possibilités de discussions métaphysiques qui auraient pu en résulter ont été tuées dans l'œuf par le rire tonitruant de mon père :

– Ah, parce que tu crois qu'on travaille pour *quoi*, nous ? Tu crois que ta mère coupe des cheveux par plaisir, et que moi, dès que je vends un filtre à air, c'est l'extase ? Tu crois qu'on ferait ces boulots de merde pour peau de *zob* ?

(Dès que mon père s'énerve, il passe à l'argot.)

– Tu vois, Maxime, le problème il est là, justement : toi, non seulement t'es un ado, c'est-à-dire qu'à la base, t'en fous pas lourd au niveau des tâches familiales, mais en plus t'es un ado *idéaliste*. J'ai pas fait beaucoup d'études, j'espère que t'en feras plus que moi, mais sur le monde du travail, pardon, j'en connais un rayon ! Et ce que je peux te dire, c'est qu'on vit dans une société où on a besoin d'argent pour tout. Si tu veux sortir, te fringuer, passer ton permis, il faut raquer. Alors, vu qu'on n'est pas la famille Rubinstein, si tu veux te racheter un smartphone, va falloir bosser.

Je me suis demandé ce que la famille Rubinstein venait faire dans sa diatribe. C'étaient nos voisins du troisième. Et puis, j'ai compris que mon père avait confondu leur nom avec celui des Rothschild, dans un grand amalgame *famille juive = famille riche*. Mais bon, je n'allais pas lui faire remarquer que son lapsus fleurait l'antisémitisme : je ne tenais pas à être défenestré.

Bref.

De la discussion qui s'en est suivie, il ressortait que j'avais tout intérêt à me trouver un petit boulot si, réellement, je tenais à remplacer mon téléphone-mp4. À partir de maintenant, il ne faudrait plus compter sur le père Noël pour combler mes besoins vitaux. Si je devais changer des cordes sur la Fender, si je venais à bousiller l'ampli, il n'y aurait rien à espérer de mon père, qui avait pris jusque-là un soin maniaque de *sa* guitare.

D'urgence, je devais donc me dégoter un *job* (un anglicisme puant le libéralisme à plein nez).

Au lycée, dès le lundi suivant, Kévin m'a suggéré quelques pistes, qui allaient de « laver des voitures devant les feux rouges », à « devenir *manager* chez Mac Daube ». Mais, n'étant ni Tzigane ni mercenaire, je ne m'estimais pas qualifié.

Alex, elle, avait un bien meilleur plan pour moi.

Depuis la rentrée, elle allait chercher à l'école les enfants de son dentiste, qui habitait le seizième arrondissement. Elle leur faisait faire leurs devoirs et, occasionnellement, il lui arrivait de les garder le soir. Le dentiste, fort satisfait de ses services, l'avait recommandée à ses amis et son nom circulait désormais parmi les parents du quartier (qui se trouvaient tous plus ou moins exercer des professions médicales). Elle s'était constitué ainsi un petit carnet d'adresses, qu'elle était tout disposée à me refiler.

– Tu veux dire que les parents, ils se battent pour confier leurs mômes à une fille avec deux piercings dans le nez, une boucle d'oreille en forme d'os et des cheveux teints en rouge et noir ? s'est écrié Kévin, un peu vexé que j'aie écarté ses super *jobs* de ma liste. Putain, ça a changé ! De mon temps, mes parents m'auraient jamais confié à une baby-sitter avec un look pareil !

– Ouais, à la place, ils te laissaient attaché au radiateur avec une gamelle d'eau, c'est ça ? a répliqué Alex.

On se marrait comme deux hyènes, Alex et moi, bien qu'à vrai dire, ça ne soit pas du meilleur goût. Les parents de Kévin n'incarnent pas vraiment le modèle de la famille bourgeoise aisée. Ce sont des gens aux mœurs un peu frustes, d'origine très modeste*.

– Pas besoin, j'avais mes grands frères.

Là, c'était la grosse marrade. Les frères Champoulet ont la réputation d'être des branleurs de première, auprès desquels Kévin, leur cadet, passe pour un premier de la classe.

– On voit le résultat !

Kévin a fait semblant d'être vexé et il est monté rejoindre la salle de classe, vu que la cloche avait sonné. Rapidement, avant de rentrer en cours, Alex m'a donné deux ou trois numéros de téléphone que je pouvais appeler de sa part, pour proposer mes services.

– Tu verras, c'est des bourges qu'ont des apparts de oufs dans le seizième, leurs gamins valent pas mieux, mais ça banque bien.

Je me suis demandé ce qu'elle voulait dire par *leurs gamins valent pas mieux*, mais je me suis dit qu'il serait toujours temps de voir ça par moi-même. Après tout, aller chercher un gosse à l'école et le faire réviser, c'est ce que j'avais fait pendant des années quand Alice était encore en primaire et qu'elle avait besoin de moi pour lui faire réciter ses tables de multiplication et *repasser* ses cartes de géo (que je coloriais avec une application diabolique qui laissait son instit perplexe). Et, cerise sur

---

* Mon père dirait des *nouveaux pauvres*, Karl Marx aurait dit *prolétaires*, et Victor Hugo, *misérables*. Vous pouvez choisir.

le cake, ça ne m'empêcherait pas de réviser moi-même pour le bac : il suffirait que j'emmène mes cours avec moi dès la sortie du lycée. Étant en plein Paname, ce serait même plus facile de retrouver Natacha une fois les cours particuliers terminés.

Évidemment, dans l'immédiat, ça ne résolvait pas le problème des répétitions de guitare… Mais on verrait cela plus tard. Chaque chose en son temps.

À la fin de la même semaine, j'ai donc pris le métro pour accomplir ma toute première mission. Un coup de bol phénoménal : Alex avait été contactée par une certaine madame F., gynécologue, qui souhaitait faire donner des cours particuliers à son enfant. Débordée, Alex avait refusé, mais en avait profité pour me recommander chaudement. Ma candidature avait été sérieusement épluchée, et je devais me présenter pour « un premier contact ».

Le trajet était interminable : je devais changer trois fois jusqu'à Ranelagh, le plus long trajet entre Place d'Italie et La Motte-Piquet-Grenelle faisait dix stations, de quoi relire mes notes de l'après-midi. J'étais donc bien tranquillement assis dans la ligne 6, à côté d'un type qui marmonnait des trucs dans sa barbe, et en face d'une femme d'âge moyen, pas moche, dont le visage me disait vaguement quelque chose. J'ai rangé mes cours d'anglais et d'éco dans mon sac et farfouillé pour trouver un livre. Hormis le manuel de mathématiques terminale ES, je n'ai rien trouvé. J'ai feuilleté le manuel, qui s'est ouvert sur une brochure illustrée, glissée entre deux pages. « Ma première fois chez le gynéco ». Encore un coup de Kévin, naturellement.

J'ai caché la plaquette en rougissant et me suis empressé de remettre le livre dans le sac. De toute façon, on ne peut pas faire des maths dans le métro, c'est scientifiquement prouvé.

Histoire de m'occuper, je me suis repassé en boucle les chansons que j'avais réussi à composer ces dernières semaines. Bien obligé : pour garder une trace de la musique, je n'avais pas d'autres choix que de me la répéter dans la tête. J'avais bien essayé de la transcrire sur des partoches, mon livre de solfège à portée de main, mais j'ai toujours été plus fort en version qu'en thème. Je m'aidais du rythme du métro pour me rappeler des musiques. Après chaque station, dès que le train prenait de la vitesse et qu'on commençait à entendre le *tchaca-tchaca* des rails, je me retenais de claquer des doigts. Il y avait surtout une chanson qui fonctionnait très bien là-dessus et j'ai commencé à la fredonner très légèrement.

Pas de quoi me faire remarquer davantage que le type à côté de moi, qui s'était mis à bavoter pour accompagner sa psalmodie. Malgré tout, la femme en face de moi me fixait un peu trop souvent, et j'avais beau tourner la tête dans tous les sens, nos regards finissaient par se croiser.

Or, j'ai horreur de croiser le regard des gens, surtout par erreur.

J'ai donc fait ce qui me semblait le plus naturel pour justifier mon chantonnement et le battement de ma main sur ma cuisse. Machinalement, tout en regardant le noir de l'autre côté de la vitre, j'ai pris les cordons qui dépassaient de l'ouverture de mon sweat, j'ai palpé les écouteurs qui devaient se trouver à leurs extrémités et je me les suis fourrés dans les oreilles. Puis, j'ai glissé une main dans ma poche ventrale, comme pour allumer mon baladeur. Je n'avais pas l'intention d'écouter de la musique, juste d'en donner l'impression pour que ma voisine me considère enfin comme un jeune con de base, et non plus comme un échappé de l'asile de Charenton*.

J'ai continué à hocher la tête en toute légitimité, comme si je suivais le rythme d'une super chanson qui déchire sa race. Jusqu'à ce qu'une idée me traverse l'esprit telle la comète de Halley.

Ça faisait une semaine que je n'avais plus mon smartphone.

La vitre taggée et crasseuse du wagon me renvoyait mon image légèrement floue. Ce qui ne m'a pas empêché de saisir mon regard d'effroi dans la vitre. On

* Ancien asile d'aliénés de la banlieue parisienne. On y soignait des trucs rigolos comme la masturbation ou « l'excès de joie », la plupart des internés étaient des femmes. Le marquis de Sade y est mort (ce qui n'a rien à voir avec les faits précédents).

aurait dit *Le Désespéré* de Courbet, je ne sais pas si vous voyez. Il ne me manquait plus que la main dans les cheveux. Si je n'avais plus de baladeur, je n'avais plus d'écouteurs non plus. Alors, qu'est-ce que j'avais bien pu fourrer dans mes oreilles ?

D'une main tremblante, j'ai tiré sur les cordons qui pendaient le long de mes joues. Le bouchon qui obstruait mes conduits auditifs a fait *plop*. C'étaient les cordons de serrage de ma capuche.

La femme en face de moi a regroupé ses affaires, le métro ralentissait. Avant de se lever, elle s'est penchée vers moi en souriant et m'a chuchoté :

– Je ne vous avais pas reconnu tout de suite, Maxime. Mais maintenant, je ne peux plus douter…

Et elle est sortie. C'était ma prof de français de collège.

6 . Où il n'est pas question de chinchilla

Un quart d'heure plus tard, j'arrivais en vue de la rue du Ranelagh. L'immeuble, où je m'apprêtais à rencontrer ceux qui seraient peut-être mes tout premiers *clients*, était muni d'un de ces ascenseurs à claire-voie du début du XXe siècle, avec une porte grillagée qu'on referme soi-même, et de gros câbles apparents qu'on entend travailler au-dessus de sa tête.

En montant au troisième, j'ai eu le temps d'admirer les escaliers en marbre et la rampe en laiton doré. Les portes d'entrée en chêne étaient ornées d'une plaque gravée au nom du locataire, parfois docteur en je-ne-sais-quoi. Rien à voir avec la cage d'escalier de mon HLM où les poussettes, les vélos et les cartons de déménagement voisinent avec les poubelles, dans un chaleureux bordel, et où les noms écrits à la main tiennent tant bien que mal sur le crépi à grand renfort d'adhésif.

Madame F. m'attendait devant la porte d'entrée entrouverte, une main sur la poignée en laiton, l'autre sur le collier du chien qu'elle semblait retenir de me sauter à la gorge. Le chien était une grande chose grise et maigre, à la gueule énorme, au pelage qui semblait être passé au sèche-linge.

– Bonsoir, Maxime, entrez, n'ayez pas peur. C'est Thora, elle est gentille mais un peu fofolle.

La chienne a eu un mouvement brusque, comme pour se défendre de cette accusation, et m'a sauté dessus. J'avais ses deux pattes sur mes épaules. On aurait pu danser un slow.

– C'est un Irish Wolfhound, ils sont joueurs... *

La chienne m'a reniflé le nez et les oreilles, puis a laissé retomber ses quatre pattes au sol. Elle a tourné le dos et est revenue dans l'appartement.

– Elle vous a adopté, dirait-on ! a glissé madame F., optimiste, avant d'ajouter : ce sera peut-être plus dur avec Gédéon...

J'ai pensé que Gédéon devait être le nom de leur perroquet gris du Gabon, à moins que ce ne soit un chinchilla. Les chinchillas ont une tête à porter des prénoms stupides.

– Vous avez trouvé sans problème ? Ça n'était pas trop long, tout ce métro ?

Madame F. s'enquérait gentiment tout en me précédant dans une pièce de vaste dimension qui semblait être un salon. Au passage, j'ai eu le temps

---

* Les lévriers irlandais sont surtout connus pour être des tueurs de loups, d'ours et d'élans – ce qu'on peut appeler « *être joueur* », certes.

d'apercevoir, par la porte de la cuisine entrouverte, une jeune femme au teint très foncé qui épluchait des légumes. Je n'ai rien vu qui ressemblait à un cabinet médical : visiblement, elle devait exercer dans un autre lieu. Voilà qui décevrait beaucoup Kévin.

– Vous pouvez vous asseoir, Maxime. Mettez-vous à l'aise, posez donc votre sac. Vous sortez tout droit d'une journée de cours, n'est-ce pas ? Vous étudiez dans quel lycée, au fait ?

– Beuh… Romain-Rolland, c'est mon lycée de secteur.

Nul doute que les noms de Fénelon, Louis-le-Grand ou Henri IV l'auraient disposée plus favorablement envers mon lycée. Mais quand on est né dans la banlieue rouge d'un père syndicaliste, on va dans son établissement public de secteur, c'est comme ça. Et en plus, il est bien, mon lycée.

– Oui, bien sûr, tout comme Alexandra, d'ailleurs ! Il paraît que vous êtes un excellent élément ?

J'ai failli lui demander « un *élément* de quoi ? » mais je me suis retenu. Apparemment, le fait d'être bon élève avait pesé lourd dans l'examen de ma candidature. Ce n'était pas le moment de tout faire foirer.

– Je me débrouille pas trop mal, ai-je fait modestement.

– Vous comptez vous orienter vers quoi, l'année prochaine ?

– Euh… Sciences Po, j'espère.

– Oh, mais c'est épatant, ça ! Vous allez finir ministre !

– J'en sais rien, je crois que j'aimerais autant pas… J'aurais peur de finir comme Pierre Bérégovoy, une balle dans la tête. Le pouvoir, la corruption, l'argent, tout ça, bof.

Il y a eu une sorte de flottement dans la conversation. Je n'avais pas pensé que parler d'un ministre socialiste qui s'est suicidé par excès de scrupules, ça ferait tache dans un salon de la rue du Ranelagh. Madame F. s'est reprise après un toussotement élégant, et la conversation a continué sur un tout autre sujet.

– J'ai cru comprendre que vous étiez libre après 16 heures, deux fois par semaine ?

– Oui, le reste du temps, je termine à 18 heures, mais le lundi et le jeudi, je suis libre plus tôt. Le mercredi aussi, je finis à 15 heures.

– Eh bien, c'est parfait. Ces deux jours-là, vous pourriez aider mon fils à faire ses devoirs et, pourquoi pas, nous pourrions envisager de faire appel à vous aussi quelques mercredis, à l'occasion ?

J'ai opiné. Pour l'instant, on n'avait pas parlé argent, mais mes fesses posées sur le cuir épais du canapé me laissaient entrevoir de belles perspectives, si j'ose dire. Elle m'a appris que je n'aurais pas à chercher son fils à l'école, attendu que *l'employée de maison* s'en chargeait tous les jours. Oui, vous avez bien lu : il y avait une *employée de maison*. C'était elle que j'avais vue dans la cuisine. Une fille du Surinam au visage impassible, un peu comme ces statues en pierre de lave qu'on vend dans les boutiques exotiques*.

– Mais, et votre fils ? ai-je demandé soudain. Il n'est pas là, ce soir ? Je pensais commencer tout de suite…

Madame F. a esquissé un sourire et a concédé :

– Vous avez tout à fait raison, je vais l'appeler.

Pendant qu'elle traversait le corridor immense dans la direction de ce qui semblait être les chambres, j'ai eu le temps d'observer la déco. C'était la première fois que je me retrouvais dans un immeuble haussmannien typique, surtout à « l'étage noble », celui qu'on réservait autrefois à l'élite, tandis que les domestiques se serraient sous les combles. Quatre mètres de plafond, des moulures, du parquet brillant, un balcon…

– Maxime, a claironné soudain madame F. qui venait de revenir dans la pièce. Je vous présente votre petit élève.

Elle a poussé dans le dos un gamin tout maigrichon aux grands yeux bleus braqués au plafond, et au sourire étrangement inexpressif.

– Gédéon, voici Maxime. Il va te faire un peu réviser tes leçons quand je ne serai pas là.

Ainsi donc, Gédéon n'était pas un chinchilla.

---

* Avec de l'eau qui coule des oreilles dans un doux murmure apaisant, vous voyez le genre ? De l'écolo-bio *made in Taïwan*.

Il appartenait à une tout autre espèce d'animal exotique, comme je n'ai pas tardé à l'apprendre…

Dès ce premier soir, il s'est révélé incroyablement doué en calcul et en grammaire. Je me suis demandé pour quelle raison sa mère tenait tant à ce qu'on le fasse travailler après l'école : il m'avait tout l'air du genre de fumiste qui récolte les bonnes notes sans ouvrir un cahier. Un peu le type de glandeur que j'avais été en primaire, d'ailleurs (sauf qu'à force de ne rien faire, je n'avais jamais particulièrement brillé non plus dans certaines matières). Mais lorsque j'ai voulu lui faire réciter la première strophe de la poésie qu'il devait apprendre pour le lendemain, j'ai eu un choc.

Il s'est figé, s'est mis à se balancer d'avant en arrière sur sa chaise en fixant le mur d'un air abruti, et les mots qu'il venait d'apprendre sont tous sortis en vrac, façon puzzle.

– Tu ne l'as pas bien apprise, ta récitation, hein ? ai-je fait, déjà enclin à la sympathie qu'on éprouve naturellement entre flemmards.

– Si, si ! m'a-t-il répondu sans quitter le mur des yeux.

Depuis que je m'étais assis à ses côtés pour le faire travailler, il ne m'avait pas regardé une seule fois. J'avais mis ça sur le compte de la timidité et je dois dire que ça me convenait plutôt bien, vu ma propre répugnance à regarder les gens dans les yeux.

– Tu veux qu'on la reprenne ensemble, vers après vers ? C'est ce qu'on fait, avec ma petite sœur, et la plupart du temps, ça marche… ai-je fait en posant une main sur son épaule, histoire d'arrêter son mouvement de balancier qui commençait à me coller la gerbe.

Et là, tout d'un coup, sans crier gare, le voilà qui se lève de sa chaise, se plaque contre le mur et commence à gémir. Comme des gémissements de douleur, mais pas très forts. Alors que je l'avais à peine effleuré !

– Oh, putain…

Je me suis levé et j'ai fait quelques pas dans le corridor.

– Euh, madame ? Hou, hou ! Vous êtes là ?

Madame F. est arrivée illico, comme si elle s'était cachée dans un placard pendant qu'on travaillait.

– Je crois que Gédéon, euh… comment dire ? Il a *beugué*.

Madame F. a soupiré, jeté un œil dans la chambre du môme où celui-ci, désormais calmé, contemplait avec une satisfaction évidente une impressionnante collection de petits singes en plastique.

– Je ne savais pas s'il fallait vous prévenir tout de suite, a-t-elle dit d'un ton désolé. J'avais envie de vous faire confiance… En principe, ça se passe plutôt bien, quand il s'agit de faire ses devoirs. Vous avez peut-être voulu… hum… le toucher ?

J'ai ouvert la bouche, tellement scandalisé que j'étais incapable de me défendre. MOI, *toucher* un petit garçon de huit ans ? Elle était folle, ou quoi ?

– Je ne suis pas sûr de comprendre, madame, excusez-moi... Je ne sais pas ce que vous avez en tête, mais je peux vous dire...

Contre toute attente, la mère de Gédéon s'est mise à rire. Elle a posé la main sur mon bras et m'a dit dans un sourire :

– Oh ! Mon cher Maxime, nous nous sommes mal compris ! Gédéon a le syndrome d'Asperger, voilà tout. Entre autres, il n'aime pas qu'on le touche, même par erreur. Il y a aussi deux ou trois choses un peu particulières que vous découvrirez, si vous voulez bien continuer à venir le faire travailler. Mais, à part ça, c'est un garçon très gentil, très intelligent et très attachant, comme vous le verrez.

En effet.

Je n'ai pas tardé à m'attacher et, dès le surlendemain, je me jetais avec passion dans une nouvelle activité de précepteur spécialisé, qui devait me rapporter bien plus, en fin de compte, que de l'argent de poche.

7 . Des propriétés défensives du sucre en poudre

– Quoi ? Tu vas bosser avec un Aspie ? La chance !

Telle aura été la première réaction de Natacha.

Elle ouvrait ses grands yeux verts devant la nouvelle que je lui apprenais. Je sortais de ma deuxième séance de travail avec Gédéon, qui s'était plutôt bien déroulée (disons qu'il n'avait pas gémi, cette fois), et elle et moi venions de nous retrouver dans un café sur le boulevard Saint-Germain, pas très loin de l'université Descartes d'où elle sortait.

De tous les endroits où je suis susceptible de la retrouver, un bistrot du Quartier latin, c'est de loin ce que j'aime le moins. Par définition, c'est bourré d'étudiants super contents de se retrouver entre eux, qui semblent avoir des milliards de choses passionnantes à se dire, qui s'interpellent et se bousculent et sortent fumer sur le trottoir d'un air important. Bref, les mêmes glandeurs que ceux qui traînent devant le lycée, en pire.

On était à l'intérieur du café, vu qu'il pleuvait, et tout le monde semblait avoir eu la même idée. Je devais donc subir le brouhaha du Vaste Monde, les rires gras des boutonneux et les éructations du percolateur. Autant vous dire que, parasité comme il l'était, mon cerveau n'était guère disposé à comprendre l'enthousiasme de Natacha.

Renonçant à traduire ce qu'elle venait de me dire, j'ai grimacé :

– Comment ça, bosser *avec un aspi* ? Je ne fais pas le ménage.

Elle m'a lancé un regard sidéré, puis a ouvert grand la bouche.

Le temps que je comprenne que j'avais dit une connerie, cinq têtes hilares s'étaient déjà tournées vers nous. Natacha riait tellement qu'elle se tortillait sur sa banquette de bar en couinant : « Je vais faire pipi.» Les filles, on dira ce qu'on voudra, c'est usant.

Voyant que je m'assombrissais à vue d'œil, elle a repris son sérieux. Elle m'a expliqué que, dans le jargon des spécialistes et des étudiants de psycho, un Aspie est une personne atteinte du syndrome d'Asperger, ou SA, et que cette forme particulière d'autisme déchaîne les passions depuis quelques décennies déjà. Dans sa fac, c'est devenu un sujet d'étude à la mode, au point de susciter des controverses (j'imagine un symposium « Les Aspies sont-ils nos amis ? », avec diaporama Powerprout®, suivi d'une table ronde : « Pour ou contre Asperger ».)

– C'est quoi, son sujet de prédilection, à ton Gédéon ? m'a-t-elle demandé. C'est un scientifique ? Un musicien ?

– Euh… comment ça ?

– Les Aspies ont des centres d'intérêt très précis où s'exerce leur mémoire et leur maîtrise intellectuelle. Des marottes, on pourrait dire. En clair, ils sont incollables sur certains trucs.

– Euh… Tu veux dire, comme moi sur les modèles de développement économique, les polars anglais ou la musique des années 70 ?

– Si l'on veut. Mais déjà, ça te fait trois centres d'intérêt. Si je me rajoute… Euh, je peux *me* rajouter, comme centre d'intérêt ?

– *You're welcome.*

– Donc, ça fait quatre. Beaucoup trop pour un Asperger. Tout au plus, t'es entre le *no life* et l'excentrique cultivé…

– Me v'là frais.

– J'ai dit *no life* ? Même pas. T'es beaucoup trop sociable, au fond.

– Moi, sociable ? T'es sûre ? Tu te souviens, quand on s'est rencontrés sur SpaceBook®, t'as dit que j'étais « limite autiste » * ?

– Oui, c'était pas très malin, d'ailleurs. Je le regrette… C'était insultant pour les autistes.

* Oui, c'était page 87 de *Comment (bien) rater ses vacances*. Quelle mémoire, vous alors ! Vous ne seriez pas un peu Aspie sur les bords ?

– Hein ?

Natacha est partie d'un grand éclat de rire. J'ai préféré ne pas lui faire le plaisir de relever son commentaire. Tout en tripotant nonchalamment le sachet de sucre posé à côté de mon café, j'ai pris un air docte pour lui répondre :

– Gédéon, je crois qu'il s'intéresse aux singes. Il a toute une collection de chimpanzés en plastique dans une vitrine et des tas de livres hyper spécialisés, genre *Les Bonobos pour les nuls* ou *Éthique du gorille*, tu vois.

– Intéressant. Les grands singes, c'est l'origine de l'homme, au fond…

Tout en faisant semblant de l'écouter, je malaxais mon sachet de sucre avec passion. Je me suis même emparé d'un autre sucre qui traînait sur la table voisine : il me fallait bien ça. Quand on n'a pas de boules chinoises antistress, on improvise.

C'est plus fort que moi. Je n'ai jamais aimé entendre quelqu'un disséquer les comportements des gens.

Déjà, quand Natacha s'exerce sur de banales névroses, ça me gave. J'ai toujours l'impression que c'est trop simple, trop facile, qu'on oublie quelque chose, comme si on réduisait la personne à un ensemble de symptômes. Et puis, c'est indiscret, aussi. Je ne dis pas que c'est faux, ou inutile, non. Juste déplacé. Imaginez qu'un chirurgien se balade dans la rue et se mette à disséquer le premier venu, juste comme ça, pour le *fun*, parce qu'il a un scalpel dans les mains et que ça passe le temps. Vous ne trouveriez pas ça un poil inconvenant ? Ben, moi, ça me fait pareil avec la psy.

C'est pas parce qu'on a les outils pour ça, qu'on est obligé de taillader tout le monde en Apéricube.

C'est un point sur lequel on ne sera peut-être jamais d'accord, Natacha et moi. Moi, les gens, je ne les détaille pas, je ne les analyse pas. J'essaie de les prendre comme ils sont – ce qui veut dire que, le plus souvent, je ne les *prends* pas du tout. Je ne sais pas si on peut appeler ça « être sociable »… En même temps, je ne les fuis pas non plus. Je m'en fous, c'est tout. Ils pourraient aussi bien ne pas exister, pour ce qu'ils m'intéressent…

Natacha, elle, essaie de les comprendre. De les connaître. Elle peut se passionner tout d'un coup pour quelqu'un qu'elle n'a jamais vu, mais dont la personnalité lui paraît *intéressante*, comme elle dit. C'est même comme ça qu'on s'est rencontrés.

Elle m'avait repéré sur SpaceBook® parce que je postais des commentaires caustiques sur le mur d'un ami (virtuel) commun, et *crac* ! Ni une ni deux, elle m'a harponné, juste parce que je lui semblais *original*. Pour moi, c'était la première fois que je m'intéressais à quelqu'un d'étranger à mon groupe ultra-sélect de familiers. Mais pour elle, je n'étais peut-être qu'une lubie, une toquade, un caprice, une passade ? Un papillon super rare à punaiser sur du liège, une carte Pokémon « attrape-les tous » à collectionner, avant de passer au suivant ?

J'ai un certain talent pour me pourrir la tête avec ce genre d'idées.

Tandis qu'elle parlait, j'ai vu dans son dos approcher trois silhouettes dégoulinantes qui se séchaient les cheveux dans leurs manches de chemise. Rien qu'à voir leurs têtes et leurs tenues, il était clair que c'étaient des étudiants en psycho. Foulards ethniques autour du cou, lunettes de *nerd*, cheveux longs pour les garçons, rasés pour la seule fille du groupe.

– Salut, Chachou ! a lancé un petit grassouillet, dont les cheveux bouclés et l'air innocent m'évoquaient irrésistiblement un angelot en plâtre.

Sans plus de formalités, il s'est assis à côté de Natacha sur la banquette. Elle a ôté son sac et sa veste pour lui faire de la place. J'en ai déduit que c'était elle qu'on venait d'appeler *Chachou**. Aussitôt, le deuxième larron, attrapant une chaise vide à une table voisine, s'est assis entre nous. Accoudé à un coin de la table, il s'est mis à tapoter sur le Formica le fourneau de sa pipe, pour en faire tomber des brins de tabac.

Oui. Parfaitement. Vous avez bien lu. Une *pipe*.

J'ai failli m'évanouir de stupeur.

Mais je n'en ai pas eu le temps : la tondue venait d'atterrir à côté de Natacha, à qui elle a fait la bise.

---

* Le nom de famille de Natacha est Schuman. Ils sont inventifs, ces étudiants en psycho, c'est fou ! De vrais poètes.

On aura une idée assez juste de ma situation en la comparant à celle du jeune Simba entouré par les hyènes dans *Le Roi Lion*, ou à celle de Roméo au bal des Capulet, si vous préférez. Bref, je n'en menais pas large.

La tournée de bises a continué, sans m'épargner, ce qui prouve bien que j'avais mis les pieds sur le territoire de grands fauves que rien n'arrête.

– Z'avez vu ce qui tombe ? a lancé l'homme à la pipe. On est mieux au chaud. Vous buvez quoi ?

Là-dessus, le voilà qui lorgne sur la tasse de Natacha, puis empoigne la mienne pour en sonder le fond, comme si elle avait recelé le véritable chocolat des Incas.

– Du café, ai-je marmonné. *What else* ?

Aussitôt, il a gesticulé pour attirer l'attention d'un serveur qui passait par là. Pendant qu'ils commandaient leur nectar, la fille sans cheveux, qui répondait au nom de Mélanie, a sorti de son sac quelques feuilles qu'elle a tendues à Natacha.

– Tiens, c'est les notes que tu m'as demandées.

– Les cours de Roulier ? Génial, merci. C'était bien, la conférence sur les troubles de la perception ?

– Pas mal, mais j'étais assise au fond, j'ai pas tout capté.

Trop drôle. Je n'ai pas pu m'empêcher de commenter :

– C'est normal, non ?

Ma vanne est tombée à plat. Elle n'aura eu que le mérite d'attirer l'attention sur moi. Natacha venait de me présenter comme « Max, son copain », ce qui ne les avait guère éclairés sur ma situation, apparemment.

– T'es en quoi, toi ? m'a demandé l'angelot.

– En chirurgie appliquée, deuxième année. Section Jambon cru.

Ils ont eu un haussement d'épaules assorti de divers rires plus ou moins spontanés. Seule Natacha se marrait franchement.

– Dis donc, c'est un marrant, ton copain, a décrété le fumeur de pipe.

Natacha m'a gratifié d'un regard tout joli, avec de la tendresse dedans, le même genre de regard que celui qu'elle m'avait jeté quand sa mère avait dit que j'étais sexy dans mon peignoir. Mais elle n'a rien ajouté.

Le moment était certainement venu pour moi de leur dire que je n'étais que lycéen, c'est-à-dire âgé d'un ou deux ans de moins qu'eux, autant dire un demi-siècle, mais je n'arrivais pas à m'y résoudre.

Allez savoir pourquoi.

– Max vient justement de m'apprendre qu'il va bosser avec un Asperger de huit ans et demi.

Natacha avait une façon typiquement médicale de dire « un Asperger », comme s'il n'avait pas de nom. J'ai essayé de protester, mais sa copine m'a coupé la parole :

– Ha bon ? T'es éducateur ?

– Oui, voilà. J'éduque des asperges. J'ai une spécialisation en légumes. Je participe aussi à un stage sur les navets, si ça vous intéresse, il reste des places.

– Non, mais sérieusement ! Dis-leur, Max ! a fait Natacha.

Il était temps qu'elle me recadre, parce que je me sentais méchamment en verve. Le genre d'humeur qui a pour résultat de me mettre à dos toute une assemblée en moins de deux minutes.

Pour me calmer, j'ai repris mes sachets de sucre en poudre pour les faire tourner entre mes doigts, façon majorette.

Les regards étaient toujours tournés vers moi, dans une attente curieuse qui commençait à devenir franchement gênante. Pour un peu, je me serais balancé sur ma chaise de bistrot en gémissant, comme Gédéon. Natacha est venue à la rescousse :

– Max prépare son bac. Il donne des cours du soir à un gamin et il vient d'apprendre que le môme est un Aspie.

– Excellent ! a proclamé l'angelot, qui venait de réceptionner sa tasse de thé au citron fumant.

Chic ! Un sachet de sucre tout neuf ! Je m'en suis emparé sans même lui demander s'il en avait besoin.

– Il a un ami imaginaire, ton Aspie ? m'a demandé le type à la pipe, en trempant les lèvres dans le verre de vin blanc qu'il venait de commander.

– Il a des rituels ? a enchaîné l'angelot.

J'allais leur dire que je n'en savais rien, puisque je n'avais eu en tout et pour tout que deux entrevues avec Gédéon. Mais, au lieu de cela, j'ai continué à jouer avec mes sachets de sucre, dont j'introduisais l'extrémité entre les interstices de mes incisives, ce qui est une occupation fort distrayante.

– Il parle comment ? a demandé Mélanie.

Les autres ont renchéri en me bombardant de questions :

– Il a des manies ?

– Il fait des grimaces ?

– Moi, ce qui me fascine, c'est leur rapport au langage, s'est obstinée Mélanie. Un rapport complètement littéral, et en même temps, ils ont cette capacité à jouer avec les mots… Ils peuvent être super drôles, mais ils ne s'en rendent même pas compte…

J'ai explosé :

– Putain, mais c'est pas un singe ! Arrêtez de parler de lui comme ça !

Dans mon énervement, j'ai tiré d'un coup sec sur le sachet de sucre qui s'était bêtement coincé entre mes dents.

Le papier, tout ramolli par la salive, a craqué, et mon grand geste a fait jaillir tout le sucre en poudre. Lequel s'est répandu en pluie sur mon voisin de table, comme s'il neigeait. Un vrai Noël blanc. Un peu de sucre est retombé gracieusement dans le tuyau de sa pipe, qu'il avait imprudemment posée près de moi.

Bien fait.

J'ai vu Natacha enfouir aussitôt sa tête dans ses mains. Ce n'est qu'en voyant ses épaules remuer que j'ai compris qu'elle piquait un fou rire.

Sur le coup, j'étais tétanisé par la connerie que je venais de faire. Mais, en voyant Natacha s'essuyer les yeux pour sécher des larmes de rire, j'ai commencé à me marrer moi aussi.

Les autres semblaient partagés entre diverses attitudes. Mélanie, que j'avais assez grossièrement interrompue dans sa conférence sur le langage, secouait la tête en signe de désapprobation.

– T'es très nerveux comme garçon, non ? m'a lancé mon voisin en frappant sa pipe sur la table pour en déloger le sucre.

– Ouais, tranquille ! On peut causer sans se fâcher, a renchéri Mélanie.

J'étais toujours incapable de répondre, peinant à reprendre mon souffle. Il suffisait que mes yeux croisent ceux de Natacha pour que ça reparte de plus belle. Plus on faisait d'efforts pour souffler, plus ça reprenait.

Impossible de se calmer.

À la fin, on est sortis tous les deux sur le trottoir, histoire de prendre un bol d'air frais.

Dehors, ça sentait les gaz d'échappement et le goudron mouillé. La pluie tombait toujours. Appuyés contre la vitre du café pour se protéger, on se tenait l'un contre l'autre, respirant la bouche grande ouverte pour arrêter le fou-rire. Pour les copains de fac de Natacha, qui nous regardaient de l'autre côté, on devait avoir l'air de deux poissons hors de leur aquarium. Deux poissons complètement débiles.

Natacha a attrapé les deux pans de ma veste en jean pour se serrer dedans. On s'est embrassés comme des noyés, de l'eau plein les yeux. Débiles, peut-être, mais heureux.

Quand on est rentrés dans le café pour reprendre nos affaires, les autres nous ont lancé un regard tout neuf et amusé. Même s'ils avaient cherché à le cacher, on aurait pu deviner qu'ils venaient de parler de nous en notre absence. Avec malice, Mélanie a lancé :

– Dis donc, Chachou… Je croyais que tu devais retrouver ton mec, ce soir. Tu t'offres un petit extra, avant ?

J'ai regardé Natacha sans comprendre. Elle-même a eu un temps d'arrêt, avant de répondre, surprise :

– Mais c'est *lui*, mon mec !

Il y a eu un instant de silence parfait.

La surprise avait changé de camp.

8 . *Introducing* Satyakama

C'est ainsi que j'ai fait la connaissance des amis de Natacha. Bon, pas tous : environ 5 %. Un échantillon représentatif, quoi.

J'ai compris tout de suite que je faisais tache dans le décor. Mais ça, je m'y attendais un peu. D'ailleurs, je me vois assez bien comme ça : une tache dans le décor. Et ça ne me déplaît pas, comme vous pouvez vous en douter*.

Ça ne m'a pas inquiété outre mesure, preuve que je suis un garçon optimiste. Ou naïf, comme on voudra... Pourtant, nos différences de goûts, de couleurs et de fréquentations n'allaient pas tarder à révéler leurs potentiels de nuisance. Telles des bactéries, elles croissaient et multipliaient, rassemblant leurs forces avant de se lancer à l'attaque de notre joli bonheur tout neuf.

Et moi, tache jusqu'au bout, je ne me méfiais de rien...

---

* C'est fou ce que vous me connaissez bien, quand même. Dire que moi, je ne vous connais même pas.

En attendant la catastrophe, je folâtrais gaiement sur Internet. Depuis que j'étais privé de smartphone, j'écoutais mes disques dans ma chambre, sur ma chaîne hi-fi, comme au bon vieux temps. Et je passais mon temps sur le web.

Je venais d'ailleurs de faire une découverte de tout premier ordre : un site recensant les petites annonces de musiciens qui cherchent à former des groupes – ou de groupes à la recherche de musiciens. Ça s'appelle easyzic.com (vous pouvez aller voir) et c'est parfois assez pathétique. Du genre : « Slt les gens ! Je fait de la gitarre depuis trois jours et je le sent bien, ki veux formé un groupe tro stylé avec moi ? » Sur le forum, nettement plus intéressant, je puisais quelques bons conseils de musiciens de concert plus expérimentés, de ceux qui vous disent exactement quelle est la puissance des enceintes dont vous avez besoin pour un plein air et où trouver les amplis de micro les moins chers de Paris.

Je notais tout ça dans mon carnet à spirale spécial, qui s'appelle mon cerveau. Car *Rien dans les poches, tout dans la caboche*, telle est ma devise.

Entre deux visites sur ce site, je *tchatais* allègrement avec Natacha. C'est ainsi qu'un soir, elle m'a demandé :

Pika : Est-ce que tu viendras avec moi en novembre, voir Batlik en concert privé au Bar du Lac ?

Je n'avais aucune idée de ce que pouvait être le Bar du Lac, sinon qu'il devait se situer probablement près d'un lac (mais lequel ?), et encore moins qui était Batlik. Mais, connaissant Natacha, je penchais pour un chanteur français politiquement engagé... J'ai tenté la feinte n°4, dite « du garçon-super-déçu » :

Professeur Moriarty (c'est moi) : J'y serais bien allé, mais le mois prochain, j'ai bac blanc. Faut trop que je bosse, j'ai un peu foiré mon 1er trimestre, là.

J'ai eu droit à une avalanche de ^^ qu'on pouvait traduire ainsi : « Et dire que je pourrais me taper Orlando Bloom, faut que je sorte avec un lycéen qui passe son bac !» J'ai essayé de me rattraper aux branches :

Professeur Moriarty : Et puis, dans un concert, de toute façon, on ne peut pas vraiment être tous les deux, au milieu de la foule en délire...
Pika : La foule en délire ? N'imp. Tu crois que je t'invite au Stade de France ? 1 concert privé, C 1 mec avec sa guitare, juste devant toi. Y'a pas plus intime. Tu devrais comprendre ça, toi qui...
Professeur Moriarty : Moi qui quoi ?
Pika : Laisse tomber ! Tu m'énerves.

De toute évidence, ce qu'elle appelait un concert privé tenait davantage de la communion solennelle, avec ouverture de chakras, que du bastringue à tout péter auquel je rêvais d'assister (du genre, le concert mythique des Who en 1976, 126 décibels – le bruit d'un avion au décollage – ceux qui y ont survécu sont sourds).

Professeur Moriarty : Si c'est tellement intime, y'a peut-être déjà plus de place, de toute façon.
Pika : T'es d'une hypocrisie crasse.
Professsseur Moriarty : J'avoue.
Pika : Ta mauvaise foi me laisse sans voix. Mais je m'en fous, j'irai avec mes vrais amis qui m'aiment.
Professsseur Moriarty : Tu passes l'éponge ?
Pika : Va mourir ! Je suis pas ta bonne. Va plutôt passer l'aspi, y'a des trucs pas nets qui traînent dans ton cerveau. Ha ! Ha !
Professeur Moriarty : ☺ Girl's power ?
Pika : À fond. Ni serpillère, ni guêpière !
Professeur Moriarty : T'es mon chihuahua de garde.
Pika : *Beat it !*

Elle venait de me voler une réplique. Si on m'avait dit qu'un jour j'aurais une copine qui me piquerait mes répliques cultes en prenant pour référence des titres de chansons de Michael Jackson, je ne l'aurais jamais cru. C'est ça qu'est beau, dans l'amour. C'est complètement pas crédible, comme truc.

Professeur Moriarty : Et si moi je t'invitais à une teuf de ouf, tu dirais quoi ?

Pika : Toi ? Laisse-moi rire.

Professeur Moriarty : Je te laisse. Ça y est, t'as ri ?

Pika : Tout mon saoul. Vas-y, déballe la salade.

La salade, la voilà. Je vous en fais profiter aussi, y'a pas de raison. Surtout que celle-là, c'est de la salade de compétition, avec graines d'emmerdes incorporées et jeunes pousses de galère…

Figurez-vous que, quinze jours plus tard, pile au début des vacances d'octobre, le Tout-Paris et moi-même nous apprêtions à célébrer, dans la liesse et l'euphorie, un événement très attendu.

Cet événement, c'est mon anniversaire.

Bon. Quand je dis « le Tout-Paris », c'est surtout le « Tout-Ivry-Villejuif-Kremlin-Bicêtre ». Et encore. Personnellement, je me serais bien passé de rameuter tout le quartier pour un événement si bénin, mais d'après Sa Kévinerie, avoir dix-huit ans, ça entre dans la catégorie M.O.T. (*Massive Occasion de Teuf*). Moi, ce qui me réjouissait surtout, dans cet événement, c'était de pouvoir voter*.

Je m'étais donc laissé entraîner par Kévin qui avait pris les commandes d'une fête qu'il se chargerait d'organiser. Comme il n'avait pas pu nous payer les services de David Guetta, il ferait l'animation lui-même,

---

* Vu le taux d'abstention en France aux élections, je dois faire partie d'une minorité pour qui accomplir son devoir civique est une source inépuisable de joie.

avait-il promis. (On pouvait légitimement craindre le pire.) Alexandra avait décrété que ce serait une fête costumée, juste parce qu'elle avait toujours rêvé de se déguiser. Kévin avait parié qu'elle arriverait vêtue en camionneur. Quant à moi, je voulais une tenue *seventies* : Mamie devait me prêter un pantalon pattes d'eph' et il me restait à trouver une chemise à motifs géométriques et une perruque.

Natacha, dès qu'elle a été mise au courant, a décidé non seulement qu'elle viendrait (à ma grande joie), mais aussi qu'elle serait déguisée en Hindoue.

Ne me demandez pas pourquoi, surtout. S'il est vrai que les costumes révèlent la vraie personnalité des gens, Natacha est une princesse indienne, c'est comme ça.

Elle avait entendu parler des saris à vendre dans les magasins de confection du 10e arrondissement : des trucs somptueux directement venus d'Inde, à des prix défiant toute concurrence. Nous avons donc convenu de faire ensemble le tour des boutiques du quartier de *Little India* (en gros, de la gare du Nord au métro La Chapelle), avant de pousser vers Barbès pour que je trouve le costume de mes rêves. À vil prix, cela va sans dire – car malgré son enthousiasme, madame F. avait décidé de ne me payer qu'à la fin du mois. En attendant ce jour béni, mon portefeuille était à la diète.

Heureusement, m'avait dit Natacha, à Barbès, rien n'est cher.

Manquerait plus que ça.

C'est ainsi qu'on s'est retrouvés, le premier samedi des vacances de la Toussaint, à la sortie de la gare du Nord. Nous avons pris tout de suite la rue du Faubourg-Saint-Denis et n'avons pas tardé à nous apercevoir que nous entrions en plein quartier sri-lankais.

Les épiceries exotiques voisinaient avec des échoppes de téléphonie vantant les mérites de cartes avec lesquelles on pouvait appeler Djakarta, Colombo ou Bombay pour trois fois rien. J'avais presque envie d'essayer... Il faut dire que depuis que mon smartphone avait rendu l'âme dans les conditions que l'on sait, tout ce qui avait un lien proche ou lointain avec la téléphonie m'attirait irrésistiblement. Au lycée, Kévin s'était amusé toute une journée à me scotcher sur le bras des téléphones portables empruntés à des potes. À ceux qui demandaient pourquoi, il répondait : « C'est des patchs. Il essaye d'arrêter. » J'aurais pu depuis longtemps me racheter un portable à un euro en souscrivant un forfait merdique, mais j'espérais tomber sur une meilleure occasion... Un smartphone quasi gratuit, par exemple, sur lequel je pourrais tester des combines plus ou moins légales, c'était l'idée.

Comme, évidemment, elle commençait à avoir faim, Natacha a acheté une boîte de gâteaux indiens. Voulant lui montrer que je n'avais peur de rien, moi non plus, j'ai acheté pour vingt centimes une énorme racine grise à la forme monstrueuse mais qui sentait bon.

– Tu sais quoi faire, avec ça ? m'a demandé Natacha.
– Évidemment. Ça se mange râpé, je crois. Tu veux goûter ?

Elle a fait une tête dégoûtée. Pourtant, les gâteaux bleus qu'elle venait de se taper m'inspiraient moins confiance que cette légumineuse. J'ai donc croqué dedans à belles dents, en lui souriant pour montrer ma confiance.

Je souriais encore quand nous sommes entrés dans le magasin de vêtements. Les dents bien serrées, pour que rien ne sorte...

La boutique était une sorte d'atelier en plein air, où deux vieilles enturbannées cousaient avec acharnement sur de vieilles machines Singer. L'homme à la porte avait un air de conspirateur. Il nous a fait entrer tout en continuant à fumer sa *beedie**, les yeux fixés sur la rue. (J'ai remarqué que les Indiens prennent comme principe de ne jamais regarder les gens dans les yeux, ce qui me les a rendus immédiatement sympathiques.)

J'ai dissimulé ma racine de je-ne-sais-quoi dans mon dos, pendant que Natacha demandait à essayer un *sari*. J'espérais arriver à avaler le morceau que j'avais croqué avant d'avoir besoin de parler. Le cas contraire risquait de se révéler catastrophique.

---

* Sorte de cigarette indienne faite de brins de tabac roulés dans une feuille d'eucalyptus.

L'une des vieilles femmes s'est levée de sa machine à coudre, a détaillé Natacha de bas en haut, comme pour la passer aux rayons X. Puis elle a trottiné vers un portant, attrapé un costume d'un beau vert chatoyant et a fait signe à Natacha de la suivre dans l'arrière-boutique.

Pendant ce temps, il ne me restait rien d'autre à faire que de surveiller la rue, moi aussi, les mains dans le dos, comme l'homme impassible.

Soudain, son téléphone portable a sonné. Il l'a sorti de sa poche et a fait glisser le clapet. J'ai imaginé un instant à quoi devait ressembler un SMS en sanskrit et ça m'a fait marrer*. La télé perchée sur un meuble diffusait un film bollywoodien où une créature de rêve dansait devant un type aux lunettes noires, qui arborait des tas de colliers dorés qui se perdaient dans l'infini de sa toison. Tout à coup, l'homme aux bijoux, qui devait être une sorte de maharadjah moderne, a dégainé un téléphone et s'est mis à brailler comme un forcené. Décidément, ces gens-là ont une passion pour les téléphones, me suis-je dit…

Pris d'une inspiration subite, je me suis tourné vers le portier.

– Pardon, monsieur… Vous ne savez pas où je peux acheter un smartphone pas cher, ici ?

L'homme s'est tourné vers moi et m'a détaillé de bas en haut comme s'il lui fallait connaître aussi mes

---

* Comment on écrit *ptdr* en sanskrit ?

mensurations. À ma grande surprise, il s'est adressé à moi dans un français parfait, à peine teinté d'un léger accent :

– Pas cher comment ?

– Heu... Genre, cinq euros ? ai-je hasardé, confiant.

Il a souri.

– En face, il y a un magasin d'informatique, a-t-il fait en désignant une vitrine couverte de posters de films. Dites que vous venez de la part de Satyakama. C'est moi. On vous fera un prix.

Natacha est sortie de l'arrière-boutique avec un grand sourire.

– Alors, il te va, ce sari ? ai-je demandé.

– Impeccable.

Elle a réglé son achat avec deux billets de dix euros que mon conseiller personnel en *informatique* a palpé dans ses doigts pour les faire crisser. Sans doute un moyen infaillible de détecter la fausse monnaie. Alors que nous allions sortir, monsieur Satyakama m'a rappelé :

– Jeune homme, il ne faut pas manger le gingembre comme ça. C'est pas une racine fraîche. Une vieille racine, il vaut mieux la faire cuire.

Je me suis approché de lui pour chuchoter :

– C'est vrai, ce qu'on dit : que c'est aphrodisiaque ?

Il a éclaté de rire.

– C'est des histoires de blancs ! Nous, on n'a pas besoin de ça ! Le gingembre, par contre, c'est bien pour couvrir les mauvaises odeurs. Ça pue encore plus.

Ça, je l'avais compris. Le morceau que j'avais fini par avaler avait l'odeur et la texture d'un vieux navet oublié dans une cave après une guerre bactériologique. Aphrodisiaque ou pas, ça n'était pas le moment d'embrasser Natacha…

Nous avons traversé la rue du Faubourg-Saint-Denis à la recherche du magasin d'informatique. Je me répétais le nom de Satyakama, comme si c'était la formule magique qui m'ouvrirait la caverne d'Ali Baba.

– Où on va ? m'a demandé Natacha.

– Vers l'infini et au-delà ! Du suspense, de l'aventure, de l'émotion… Je vais m'acheter un portable !

– Mais je croyais que t'étais fauché ?

– Dans le reste de Paris, peut-être. Mais ici, l'argent n'a pas la même valeur. Je suis riche.

– Tu payes en roupies ?

Très drôle. Attends de voir !

Ce que nous avons vu, passé le seuil du magasin d'informatique, c'était une enfilade d'ordinateurs désuets alignés sur des rayonnages. Des types à la peau très noire palabraient en langue inconnue. Quand j'ai demandé un téléphone portable, les conversations se sont arrêtées net. C'était le moment où jamais de sortir ma formule magique.

– Je viens de la part de Satyakama.

Un petit bonhomme rondouillard s'est penché sous son comptoir et j'ai cru un instant qu'il allait en sortir un fusil à canon scié. Au lieu de ça, il a posé devant moi une boîte en carton contenant un téléphone. J'ai déballé l'objet. Ça ressemblait tout à fait à un smartphone de marque, sauf... la marque : *Sansong*, franchement, ça ne faisait pas sérieux. J'ai fait glisser le compartiment de protection.

– Tiens, on peut mettre deux cartes sim ?

Il a eu un rire discret, tandis que ses acolytes se poussaient du coude en ricanant.

– Plus pratique, pour l'étranger. Hi hi !

On devrait pouvoir trouver un usage sympa à ce genre de gadget, me suis-je dit.

– Tu donnes combien ? m'a demandé le vendeur.

– Euh... Cinq euros ?

– Dix.

– Trop cher. Sept euros ?

– Hi, hi ! Ça va.

Un peu plus tard, dans le métro aérien qui nous menait à Barbès, j'ai sorti mon super portable *made in India* de sa boîte. L'informaticien l'avait allumé devant moi, j'avais pu constater qu'il marchait dès qu'on y introduisait une carte sim. Natacha gueulait :

– Mais tu ne trouves pas ça risqué d'acheter une contrefaçon ? Tu vas faire comment, pour t'en servir, d'abord ?

– T'occupe... Cherche pas à comprendre. Laisse faire un professionnel.

Elle a haussé les épaules.

– Tu m'éneeeeeerves...

J'ai essayé de lui coller une bise mais elle s'est esquivée au dernier moment et j'ai embrassé le rembourrage du siège. Beurk.

– Je ne comprends pas, a-t-elle poursuivi, comment tu peux acheter une merde pareille. Déjà, la marque *Sansong*, ça n'éveille pas des soupçons, chez toi ?

– Si, ça me rappelle une chanteuse française... ai-je répondu d'un air pensif. Tu crois que c'est elle qui les fabrique ? Elle se serait reconvertie dans la téléphonie mobile ?

– T'es bête... Sérieusement, Maxime, c'est louche ton truc : si ça se trouve, c'est fabriqué dans un atelier clandestin, pas très loin d'ici. Paraît qu'y en a plein, dans le dixième, des ateliers clandestins.

– C'est discriminatoire, ce que tu dis, ai-je glissé perfidement. Si j'étais Satyakama, je porterais plainte pour diffamation.

– Rhhaaaa ! Mais tu comprends rien ! Je te dis que ton truc, là, il pue la fraude. Ça se voit trop. C'est de la contrebande, tu vas finir en taule.

– Pfff... N'importe quoi ! Vous, les filles, vous êtes toutes vachement légalistes. Vous devriez êtres juges. Ou curés, bien sûr, si c'était ouvert aux femmes.

Elle s'est retournée vers moi et m'a jeté un regard surgelé. Tout juste si je ne voyais pas danser les glaçons dans ses yeux verts.

On aurait dit un pastis bien frais.

– Si une de tes phrases commence encore par « Vous les filles », je te plaque.

– Et si c'est à la fin de la phrase, et pas au début, ça va ?

– Ta gueule, Maxime Mainard, ou tu t'en prends une.

J'ai failli lui répondre encore quelque chose, mais le souvenir cuisant de la baffe de ma mère s'est rappelé à moi.

Les filles, ça frappe fort. Quand ça frappe.

(J'ai pas dit *Vous les filles*, hein…)

9 . Où les grands esprits se rencontrent enfin

Sur le boulevard Barbès, j'ai fait l'emplette, un peu plus tard, d'une magnifique chemise en Nylon beige à grands carreaux marron, d'un gilet sans manches satiné et moulant trouvé dans une friperie, et d'une perruque crépue dégottée dans un improbable magasin d'extensions capillaires, bien plus convaincante que celles qu'on achète dans les boutiques de farces et attrapes.

Après quoi, nous sommes revenus en RER vers le Kremlin. Il ne nous restait plus, avant de nous rendre à *ma* fête, qu'à nous changer chez Mamie, qui détenait la deuxième partie de mon costume.

Nous sommes arrivés chez elle à l'heure où les grands fauves vont boire et les vieux schnocks regardent *Questions pour un champion*. Évidemment, ma vieille schnock à moi, qui ne fait jamais rien comme les autres, regardait un match de rugby et n'a pas daigné lever les yeux vers nous quand nous sommes entrés.

Raison de plus pour l'interpeller vivement :

– Salut, la vénérable ! Alors, on bave devant Chabal ? T'as pas honte ?

Sans se retourner, elle a jeté depuis son canapé :

– C'est pas le XV de France, c'est le Stade Français. Y'a pas Chabal.

Natacha n'a pas pu s'empêcher de pouffer devant ce tacle en règle. Entendre quelqu'un me rabattre ce que Mamie appellerait mon *caquet* semble l'inonder de joie.

Du coup, Mamie s'est enfin retournée.

– Ah, mais tu n'es pas venu seul !

– Ben, non, tu vois, il m'arrive de fréquenter d'autres humains.

Elle s'est levée pour saluer Natacha qui lui a fait la bise, ni une ni deux, *clac clac*, à sa manière c'est-à-dire sans manière.

– Bonjour, madame Mainard, je suis Natacha.

– Mais oui, je sais. Alors, ne m'appelez pas madame Mainard, on dirait que j'ai quatre-vingt-dix ans.

– C'est vrai, ça te rajeunit… ai-je glissé perfidement (il était temps de revenir un peu dans la course).

Mamie m'a jeté un regard méprisant avant de saisir Natacha par le bras pour la conduire à la cuisine, lui glissant au passage :

– Je ne sais pas du tout qui est ce garçon, mais il a de très mauvaises manières.

Quelques verres de cidre plus tard, c'était la franche rigolade entre Mamie et Natacha. Ne sachant pas qu'elle aurait de la visite, Mamie s'est excusée de n'avoir rien à nous offrir, mais s'est aussitôt proposée de nous faire des crêpes. Natacha a sorti les œufs et le lait du frigo comme si elle avait toujours vécu là. Je me suis senti un peu inutile. Noyant mon amertume dans la pomme marinée, je commençais à être légèrement pompette. L'alcool, même à dose homéopathique, ça me rend stupide. Encore plus que d'habitude, je veux dire.

Du coup, je suis allé me changer. Quand je suis revenu, déguisé en membre du groupe Sly & the Family Stone*, les deux complices ont ri de plus belle. Ça commençait à être lassant, cette entente cordiale.

Natacha engloutissait crêpe après crêpe, à peine sorties de la poêle. Quand elle a semblé rassasiée, Mamie l'a envoyée se changer :

– Natacha, allez vite vous déguiser, que je vous prenne en photo tous les deux avant que vous partiez !

Ce qu'elle a fait.

– Vous faites un beau couple, a estimé l'ancêtre, quand Natacha est revenue vêtue de son sari et s'est mise à mes côtés.

On n'a pas su quoi répondre.

– Vous me rappelez un film des années 60, a poursuivi Mamie. Avec Peter Sellers… Ah, zut ! Le titre

* Groupe funkédélique des années 70 (ne faites pas semblant, vous ne connaissez pas).

ne me revient pas… Il y a un éléphant qui tombe dans une piscine…

– C'est sûrement Maxime… a lâché Natacha dans un éclat de rire.

De mieux en mieux. J'ai riposté :

– Bon, la doyenne, tu nous diras ça demain. Le temps que tes neurones établissent une connexion, on va rater la fête.

Notre trajet costumé en bus jusqu'à Villejuif nous a valu un certain succès. Natacha avait fière allure, dans son sari qui ressemblait un peu à une robe de chambre.

– Au moins, t'es bien équipée, si jamais ça finit en *pyjama-party*, ai-je plaisanté.

– Ça risque d'être si naze que ça ?

– On ne sait jamais, avec Kévin. Faut payer pour voir, c'est comme au poker…

– Mais pourquoi tu l'as laissé organiser ta fête ?

– Ben, c'était son cadeau pour moi. Il voulait me faire une surprise. C'est gentil, non ?

– Oui, c'est gentil. Il t'aime beaucoup, Kévin, a-t-elle conclu sans plaisanter.

Je l'ai regardée, perplexe.

– Euh… Je suppose, oui. Pourquoi tu dis ça ?

– Pour rien. Tes amis t'aiment, c'est tout.

– Et c'est pas normal ?

– Si, si. Bien sûr.

Elle avait l'air soucieuse. J'ai attendu que la suite vienne d'elle-même, et on a continué à marcher dans

Villejuif en direction des locaux du pétanque-club où l'on se réunirait. C'est Kévin qui avait obtenu la location de la salle, pour presque rien, avait-il dit, vu qu'il y avait travaillé pendant l'été.

– Moi, a-t-elle repris, j'ai peut-être plus d'amis que toi. Mais je ne sais pas s'il y en a un seul qui m'organiserait un truc comme ça…

– Attends, t'enflamme pas, non plus. Tu ne sais pas ce que ça va être. Le principe de base avec Kévin, c'est qu'il faut s'attendre à tout. Si ça se trouve, on va manger des Monster Munch jusqu'à minuit en écoutant de la techno et après, il va nous faire une démo de skate. On ne peut pas prévoir. C'est un concept. Et sinon, à part ça… Vous avez parlé de quoi, avec Mamie ?

Il était temps de changer de sujet. Pour une raison obscure, je sentais qu'il ne valait mieux pas piétiner cette zone dans laquelle on s'était aventurés et où il était question d'amis, d'amour et de cadeaux. Natacha a secoué la tête en manière de dénégation.

– Tu ne devines pas ?

– Euh… Vous avez parlé de moi ? ai-je demandé d'une voix de hamster timoré.

Elle a éclaté de rire.

– Non, de Sébastien Chabal.

– Ah bon.

Elle a un peu le même humour que Mamie, me suis-je dit. Pas étonnant qu'elles se soient si bien entendues.

– Ta grand-mère aussi, a conclu mystérieusement Natacha, elle t'aime beaucoup.

Décidément. On aurait cru à l'entendre que j'étais le type le plus aimé de la terre. *Monsieur Heureux*, comme dans les albums des *Monsieur et Madame* que collectionnait Alice, avant que les hormones n'accomplissent leur travail de sape et ne transforment ce cher poussin en fan de Mika.

À force de discuter sans faire attention au décor, je nous ai un peu perdu. J'étais pourtant venu la veille, après le lycée, pour repérer les lieux avec Kévin. Mais la veille, il faisait jour, et je suis de ceux qui pensent que le monde entier se transforme dès qu'on a éteint la lumière. Impossible de me souvenir de l'itinéraire… Avant de trouver le pétanque-club, on a traversé quelques coins glauques. À force de tourner dans le quartier, on aurait pu finir par se faire des amis, surtout que ma perruque afro ne passait pas inaperçue… Heureusement, on a fini par tomber presque par hasard devant un bâtiment gris qui ressemblait à une officine du parti communiste en ex-RDA.

– C'est là.

Natacha a contemplé le bâtiment avec une frayeur non dissimulée.

Au même instant, Alexandra arrivait. Elle est passée devant nous en scooter et on s'est approchés d'elle tandis qu'elle le garait.

À mesure que nous marchions dans sa direction, je pouvais sentir le corps de Natacha, que je tenais par la taille, se raidir de plus en plus. Si ça se trouve, elle faisait une crise de tétanie due à un palu contracté dans un pays exotique, et elle essayait de le cacher.

Alexandra a enlevé son casque. Elle avait attaché ses cheveux en une petite queue-de-cheval qui ne lui allait pas spécialement. Cela dit, elle me rappelait curieusement quelqu'un…

Elle m'a fait la bise, puis s'est tournée vers Natacha.

– C'est toi, Pika, j'imagine ?

– Bravo, t'es perspicace…

– Je te préviens, si tu lui brises le cœur, je te démonte la tête.

Je suis resté coincé, en mode arrêt sur image, la bouche ouverte et les yeux écarquillés. Avais-je bien entendu ce que j'avais entendu ? Je n'en étais pas sûr, parce qu'Alex a aussitôt poursuivi, du ton le plus naturel du monde :

– Pas mal, vos costumes… C'est Indira Gandhi et Huggy les-bons-tuyaux ?

Huggy les-bons-tuyaux, c'est vrai que je suis fan : avec Alex, j'ai vu sur YouTube tous les épisodes de *Starsky & Hutch*, une vieille série kitschissime. Je n'avais même pas pensé que mon déguisement était ressemblant. J'ai secoué la tête pour dire non, mais je n'avais encore pas retrouvé l'usage de mes cordes vocales. Natacha a répondu à ma place :

– Mais non ! C'est un chanteur…

– C'est Michael ?

J'ai fait « non », toujours avec la tête.

– Marvin Gaye ? James Brown ?

Elle a continué à chercher, tandis que nous avancions tous les trois vers la porte d'entrée. Natacha nous suivait, un pas en arrière, sans rien dire.

– Ah, j'ai trouvé, c'est Sly !

J'ai applaudi, avant de lui demander :

– Mais toi, dis-nous… T'es déguisée en ticket de métro ?

Alexandra portait une drôle de combinaison jaune avec une ligne noire tout le long du corps. Pas de doute, c'était un personnage de film, mais je n'avais pas encore trouvé lequel.

– Ça te dit rien ?

– Beuh… Non. Je regrette.

– Tu peux.

Nous avons passé les portes du pétanque-club avant que j'aie pu l'identifier.

Le lieu où nous sommes entrés était une sorte de hangar en préfabriqué, avec des fenêtres bouchées depuis l'été dernier par des panneaux de contreplaqué d'où pendaient des araignées. Des fauteuils défoncés parsemaient la pièce, assortis à des tables en plastique orange. J'avais déjà vu, en amenant du matos la veille, certains éléments du mobilier remisés dans un coin, et qui devaient dater de la construction du club de pétanque. Mais je ne pouvais pas prévoir que Kévin jouerait à fond la carte du kitsch en les disposant dans la pièce. On avait même un splendide tapis en moumoute jaune à poils longs, de toute beauté, et un meuble à étagères en Formica blanc et marron où Kévin avait posé plusieurs lampes de bureau allumées.

– On attend Philippe Katerine et Florent Marchet ? a glissé Natacha ironiquement.

Elle a beau me connaître assez *intimement*, Natacha n'est pas forcément la plus au courant de mes goûts. Elle ne sait pas, par exemple, que depuis plus d'un an, je saoule mes camarades avec mes références musicales, cinématographiques et même télévisuelles, des années 70. Elle ne sait pas non plus qu'au lycée, j'ai recouvert tous mes livres, mes classeurs et mes pochettes de cours de papier peint *vintage* trouvé dans le grenier du Kremlin. Elle ignore tout autant que j'ai volé à mon père ses T-shirts des Rolling Stones tout délavés, tandis que je milite activement pour qu'on détruise par le feu les immondes copies récentes arborées par des gamins qui n'ont pas la moindre idée de ce que représente cette bouche rouge qui tire la langue.

Bref, elle ne sait pas tout – et c'est tant mieux, car en amour, il faut garder sa part de mystère, paraît-il*. Perplexe sur le choix d'une telle déco, elle se contentait de sourire en contemplant les splendides lampes à bulles d'huile psychédéliques posées sur les tables.

* J'ai dû lire ça dans un emballage de Carambar.

À cet instant, un hurlement de matou châtré a traversé l'espace.

– Scoo-bi-doo-bi-doo !

Je me suis retourné. Et j'ai vu débouler un Kévin empêtré dans un pantalon marron troué dix fois trop grand pour lui (mais la plupart des pantalons sont trop grands pour Kévin, qui devrait s'habiller en douze ans) et un grand T-shirt vert tout flasque. Ses cheveux blonds étaient soigneusement peignés vers l'avant, et il avait collé sous son menton quelques poils roux d'origine douteuse.

Je l'ai reconnu immédiatement.

– Sammy !

– Scooby !

Et, ni une ni deux, il m'a sauté dans les bras.

Pas très pratique pour lui présenter Natacha, maintenant…

J'ai malgré tout tenté de les mettre en contact. Les filles étaient restées un peu en arrière et se côtoyaient sans rien dire.

– Salut, Daphné ! Salut, Véra ! a fait Kévin, toujours agrippé à mon cou comme un koala.

– Qui est-ce qui fait Véra ? a demandé Alex, méfiante.

– Ben, c'est toi, évidemment.

– Ouf ! Vous m'avez fait peur, les mecs. Je voudrais pas être la pouffe de service…

Je ne sais pas quel est le degré de familiarité qu'entretient Natacha avec le dessin animé *Scoubidou*, ni ce qu'elle pense du rôle de potiche blonde de la jolie Daphné – croyez-le ou non, je n'ai jamais pensé à l'interroger là-dessus. Qu'elle ait été vexée par la remarque d'Alex, elle ne l'a pas fait voir, mais a tourné les talons pour se diriger vers le buffet, sans rien dire.

– T'es lourde, Alex, quand tu t'y mets ! a lâché Kévin en dégringolant de mes bras. C'est la première fois que je la vois et maintenant elle va croire que je lui ai balancé un *scud*.

– Quoi ? parce que c'est de ma faute, maintenant ? Si vous jouez à *Scoubidou*, je veux être Véra, c'est tout.

(Parfois, le degré de maturité de mes amis me laisse sans voix.)

Sans paraître nous entendre, Natacha s'est dirigée vers le buffet de sandwichs.

J'avais moi-même, la veille, tartiné des montagnes de tranches de pain de mie dès ma sortie du lycée. Comme j'en avais pour un sacré moment, j'avais même emmené mon matos rue du Ranelagh et transformé les révisions avec Gédéon en atelier cuisine. Une riche idée, que j'avais eue là. Gédéon s'était révélé un excellent tartineur – le genre qui utilise *exactement* la bonne dose de fromage persillé et l'étale *méthodiquement* jusque dans les coins, avant de trancher chaque carré en triangles rectangles d'exacte mesure. Le tout, avec une régularité de mécanique bien huilée. Les Aspies, ça a du bon. Avant que sa mère ne rentre, nous étions venus à bout d'une belle montagne de toasts. Voyant qu'on avait investi sa cuisine, la tranquille Vinita a proposé de me faire des *samoussas* au curry. Et madame F. m'a prêté, pour ramener tout ça en métro, une glacière. Plus gâté que ça, tu meurs.

« On n'a pas tous les jours dix-huit ans », avait déclaré madame F., qui n'est jamais à court de truismes*.

Natacha a fait main basse sur quelques triangles. Je me suis approché subtilement.

– Tu sais, ils sont pas forcément très fins, mes copains…

– Je sais. La première fois que tu m'as parlé d'eux, on ne peut pas dire que tu aies brossé un portrait flatteur, a-t-elle ironisé en attaquant un deuxième *samoussa*.

– Comme tu l'as dit tout à l'heure, Kévin m'aime bien. Et s'il m'aime bien, il t'aimera bien…

– Moui… Et Alex ?

– Euh… Je suppose que c'est pareil.

Elle a souri en trempant son *samoussa* dans la sauce épicée que Vinita m'avait confiée. J'allais lui dire de se méfier, parce que c'était très fort, mais elle ne m'en a pas laissé le temps.

– Je ne sais pas pourquoi, mais j'ai du mal à te croire, chaton. T'as entendu ce qu'elle m'a dit tout

---

* Non, ce n'est pas cochon, les enfants. Extrayez donc votre dictionnaire de sa couche de poussière et consultez-le.

à l'heure ? Remarque, je survivrai. C'est pas que je tienne absolument à son amitié, non plus.

Je l'ai regardée engouffrer son beignet épicé, m'attendant à la voir cracher du feu aussitôt. Mais elle n'a laissé échapper qu'une légère grimace.

Trop forte.

10 . Coup de boule et boule de gomme

Pendant qu'on tapait dans le buffet, d'autres potes du lycée se sont pointés. Je ne me souvenais aucunement de les avoir invités, mais je n'avais pas eu besoin de me charger de ça. Kévin, quand il organise une teuf pour quelqu'un, il s'occupe de tout, y compris d'inviter qui il veut.

En fait, c'était peut-être *moi* qui avais dix-huit ans, mais il semblait clair pour tout le monde que c'était *sa* fête…

Quelques heures plus tard, une scène techno-trans s'était formée sur le tapis en moumoute. Notre DJ local avait apporté sa musique (hélas !), et ses frères, alias *The Champoulet's brothers*, s'étaient chargés de la sono. Enceintes, amplis, platines… Ils n'avaient rien oublié. Ça se trémoussait sec sur le rectangle jaune. Des grincements électroniques et des basses synthétiques à vous défriser la cochlée avaient empli la salle.

Un petit groupe, dont j'étais, avait pris possession d'un ensemble de fauteuils en osier et nous tentions de discuter aimablement autour d'une énorme gamelle de mousse au chocolat. C'est Alex qui l'avait préparée, et j'avoue qu'elle fait ça très bien. Je l'ai entendue dire à Natacha qu'elle y mettait du café, et je trouvais ça plutôt bon signe qu'elles se mettent à échanger des secrets de cuisine. Du coup, j'avais complètement baissé la garde.

Fatale erreur…

Car voilà qu'un mec de notre classe s'est glissé parmi nous. C'était Don. (Faut-il vous représenter Donald ? Je ne le crois pas.) Il s'était déguisé en prêtre, ce qui se voulait sans doute d'une ironie désopilante, vu qu'il est connu dans notre classe pour être une sorte d'obsédé sexuel. Je me demandais pourquoi Kévin avait tenu à l'inviter. Je m'en serais bien passé. Cela dit, si ça n'avait tenu qu'à moi, la fête aurait été plus intime que la cérémonie d'enterrement d'un ex-dignitaire du IIIe Reich exilé au Venezuela.

Ni une ni deux, voilà que Don entreprend de draguer Natacha. Draguer est un bien grand mot. Il serait plus conforme à la vérité historique de dire qu'il avait jeté sur elle toute sa testostérone inutilisée… Je ne m'en suis pas rendu compte tout de suite, occupé que j'étais à me dessiner une barbe en chocolat pour imiter le chanteur de Band of Horses.

Don s'était assis sur un fauteuil entre elle et moi, et plongeait sa petite cuillère en plastique dans la jatte de mousse pour la tendre à Natacha. Au début, amusée, elle avait pris la cuillère et mangé, mais bientôt il est apparu qu'elle n'avait plus très faim. Le chocolat, ça gave. Surtout administré à la petite cuillère par un débile aviné. Don devenait plus lourd de minute en minute :

– Lèche, je sais que t'aimes ça... insistait-il en lui collant sa cuillère sous le nez d'un ton qui se voulait sulfureux.

– Max ? a-t-elle fait d'une petite voix, en cherchant mon regard.

Don s'est tourné vers moi.

J'arborais toujours ma splendide barbe en chocolat, ce qui ne l'incitait sans doute pas au respect. Il a éclaté de rire.

– Oh, mais il aime ça aussi, lui, le chocolat ! Regarde, il va régaler sa copine !

Là-dessus, voilà qu'il se lève, m'empoigne par la nuque et me tourne la tête de force en direction d'Alex, assise sur un pouf à côté de moi. Alex s'écarte pour ne pas rencontrer mon museau barbouillé, fait mine de se lever. Le type la maintient d'une main, toujours rigolard.

– Allez, faites pas vos chochottes ! Ouah, j'y crois pas, comme ils sont timides ! Comme si vous vous étiez jamais léché le museau !

Natacha, sur ces paroles, s'est levée d'un bond.

Je n'avais même pas besoin de la regarder pour savoir la tête qu'elle devait faire.

Ce n'est pas que ça m'enchante, moi, les trucs virils. Le coup de boule à la Zidane, la bordée d'injures à la Anelka, c'est juste pas mon style. Pourtant, vous serez d'accord pour dire que là, y'avait urgence.

J'ai saisi la main du type qu'il appuyait familièrement sur mon épaule. Je n'avais presque pas à me redresser pour être à hauteur de son visage. L'avantage d'être grand. De mon autre main, j'ai maintenu sa nuque courbée vers moi et là, j'ai essuyé toute ma barbe au chocolat sur sa sale gueule.

Il en avait partout. Dans le nez, sur les yeux.

Il a tenté de se dégager mais je le tenais trop fermement, et je crois qu'il avait déjà pas mal abusé des cocktails vitaminés des frères Champoulet, qui vous saoulent un bœuf.

Je l'ai lâché quand j'ai eu l'impression que mon menton était redevenu à peu près propre. Ses cheveux commençaient à m'irriter la peau, en plus. Il a reculé tellement vite qu'il est tombé. Ça a fait un gros *boum*. Je me suis relevé aussi, persuadé qu'après ça, il allait falloir jouer des poings. Vu que ce serait la première fois de ma vie, j'essayais de me *coacher* mentalement. Quand on veut donner un coup de poing, est-ce qu'il faut mettre le pouce à l'intérieur des doigts repliés, ou à l'extérieur ? Je n'ai jamais su.

Je ne sais toujours pas, car finalement je n'ai pas eu à me servir de mes poings. La musique a soudain diminué d'intensité, et les danseurs se sont précipités vers notre *cosy corner* (qui n'était plus si *cosy* que ça). J'ai remarqué qu'Alex avait quitté son pouf et s'était rapprochée de Natacha. Elle se tenaient toutes les deux agrippées l'une à l'autre, telles deux biches face au danger.

C'était mimi.

Un simple coup d'œil à mon menton et à la tronche du mec a suffi à renseigner Kévin. C'est son côté Dr Watson.

– Max, tu t'es encore fait un ami, on dirait ? a-t-il plaisanté.

Les frères Champoulet maintenaient mon adversaire, moins pour l'empêcher de se jeter sur moi que pour le retenir de tomber. Finalement, après quelques hoquets de mauvais augure, Don a fini par vomir. En plein dans la jatte de mousse au chocolat.

Les filles se sont écartées en hurlant. Kévin et moi avons empoigné Don, et nous l'avons traîné sur le parking. Après l'avoir un peu débarbouillé à l'eau glacée grâce à un robinet extérieur, on l'a assis de force sur un banc où il a entrepris de cuver son cercueil*.

Au retour, je me suis approché de Natacha, qui avait l'air de bouder dans son coin, les bras croisés.

– Tu sais, euh… je veux te dire… À propos de ce qu'il a dit…

---

* Un cercueil est un cocktail constitué de toutes les boissons alcoolisées qui vous tombent sous la main. Facile, pas cher, et ça peut rapporter gros (syncope, migraines variées, voire coma pour les plus chanceux).

Elle a posé une main sur ma bouche et a poursuivi :

– Laisse tomber, Max.

Je me suis penché pour l'embrasser, mais elle s'est écartée d'un air dégoûté.

– Euh… Là, franchement, ça me dit rien. Excuse, mais t'as des cheveux collés sur le menton. C'est assez crade, en fait.

Très juste.

Je suis parti aux lavabos pour me laver la figure.

Au retour, j'ai constaté qu'on avait fait péter les bulles. Histoire de me remettre de mes émotions, j'ai vidé d'un trait un verre de mauvais mousseux qui ressemblait à du shampooing tiède. Puis je suis allé mettre un CD dans la chaîne hi-fi et j'ai tourné le bouton du volume pour faire cracher les enceintes.

C'était une compile que j'avais concoctée la semaine d'avant, et qui commençait avec *I should have gone with my friends*, de Woodhands.

Un truc qu'on devrait installer à la place des défibrillateurs dans les gares, pour réveiller les morts. Ça commence à peu près tranquillement, par une grosse basse synthétique, et puis une vraie batterie se colle là-dessus, des tas de machins électro et la voix des deux chanteurs qui gueulent en stéréo, comme Franz Ferdinand, mais en nettement moins propres sur eux. Et là, alors qu'on s'habitue à l'ambiance vaguement trip-hop, voilà que ça bascule dans une sorte de rap-électro. Là, en principe, je me lâche. Surtout si j'ai cinquante milligrammes dans le sang. Le chanteur se met à crier comme un débile et moi avec. Si je me contentais de crier, ça passerait encore pas trop mal. Après tout, ma voix vaut ce qu'elle vaut, mais ce qu'on peut dire sur elle, c'est qu'elle pète bien.

Le truc, c'est que ça me paraît difficile de crier sans gesticuler.

Je suis donc parti en vrille tout seul, debout devant les enceintes, à pousser des hurlements en faisant des gestes de grand singe. Je me suis demandé si je ressemblais plus à un orang-outan ou à un gorille.

Mode Gédéon activé.

La chanson dure 6 minutes 30. Je le savais, je calcule toujours la durée avant d'enregistrer une compile. C'est long, 6 minutes, quand on est tout seul à s'agiter…

Natacha me regardait, enroulée dans son sari qui lui donnait un air de princesse très sage et très lointaine. J'ai eu l'impression bizarre que j'étais en train de m'éloigner d'elle à la vitesse de la lumière. Les autres frappaient dans les mains en me regardant, ce qui était certes encourageant, mais qui ne faisait que renforcer mon impression d'isolement.

C'est alors que j'ai vu arriver Alex, droit vers moi. Elle balançait la tête en rythme, d'une manière comique qui faisait tressauter ses cheveux. Elle a refermé le Zip de sa combinaison jaune jusqu'au cou, et tout à coup, *je l'ai reconnue*.

Enfin, je veux dire, pas elle : son déguisement.

Comment avais-je pu oublier *Kill Bill* ?

On avait vu les deux volets de la trilogie ensemble, elle et moi, dans un de ces marathons vidéo dont on avait le secret… *avant*. Quand on se faisait des soirées Tarantino, des nocturnes cinéphiles (Gaspar Noé, Gus Van Sant, Kubrick), des intégrales Wes Craven*, des aubes *zombie-movies* qui nous menaient à des petits matins blêmes où t'as juste envie de gerber dans tes céréales, les yeux explosés.

Le bon vieux temps, quoi…

Je lui ai fait le petit geste d'invite popularisé par le film *Kill Bill*, les doigts serrés repliés vers la paume. Elle a souri.

On était deux, maintenant, sur la piste de danse. Ou ce qui en tenait lieu, à savoir, toujours le même carré de moquette jaune à poils longs.

L'enchaînement fondu nous a bientôt menés vers *Glitter Freeze* de Gorillaz, sans qu'on mollisse pour autant. Puis c'est parti pour un enchaînement de rock et d'électro, mâtiné de funk. Un vrai gros bordel bien dansant comme je les aime. Bientôt la moquette a été envahie. On ne voyait même plus les poils jaunes, sauf quand nos trépidations en arrachaient des touffes…

---

* Vous savez bien : *Freddy*, *Scream*… Non ? Bon, d'accord, je n'insiste pas. Vous êtes plus *Petite Maison dans la prairie*, non ?

Au centre du tapis, on était trois à gigoter comme des machines électrifiées. Alex faisait des pas qui ressemblaient à des passes d'arts martiaux, dans le plus pur style Beatrix Kiddo. Ça n'était pas la première fois qu'on dansait ensemble, c'était déjà arrivé qu'on se mette à faire les fous dans nos chambres respectives, quand on s'invitait l'un chez l'autre. En principe, ça finissait mal : soit je la poussais bêtement contre un mur et elle partait en me souhaitant de mourir dans d'atroces souffrances, ou bien je rebondissais sur le lit jusqu'à ce que je me tape la tête au plafond.

Kévin avait l'air d'un Gremlin sous amphétamines. Il avait monté le son au maximum avant de nous rejoindre. Sur *Electronaut*, il s'est mis à faire le robot, d'une façon tellement drôle que tout le monde riait en le regardant. On dansait chacun dans son style, le mien étant plus ou moins commandé par mon costume *seventies*, qui imposait une certaine souplesse du bassin et des glissements de pied très *groovy*. Quand j'ai entendu les premières notes de *Leave me alone*, j'étais aux anges. Ça faisait partie des intermèdes funky.

Quelqu'un dans l'assistance m'a lancé ma perruque afro, que j'avais abandonnée sur une chaise, et je m'en suis coiffé juste à temps pour lancer en play-back, sur la voix de Michael Jackson :

Leave me alone, just stop talking me around !

Le truc avec Michael, c'est qu'il déchaîne des passions très contradictoires. On adore ou on déteste, mais ce qui est sûr, c'est que quand on met un de ses tubes en fond sonore, tout le monde s'agite. Un peu comme Claude François en son temps, toutes proportions gardées. Bien sûr, il y en a toujours qui se croient obligés de se lancer dans une parodie vulgaire, et les hommages sincères sont rares. Vu que je fais partie de la caste assez méprisée des vrais fans, je déteste qu'on se livre devant moi à une imitation grossière, genre la main entre les jambes et le *moonwalk* qui glisse pas. J'ai fait quelques croche-pieds aux audacieux qui s'y étaient risqués et très vite, je me suis retrouvé au centre d'un cercle d'admirateurs attentifs qui se demandaient sans doute à quel genre de *freak* ils avaient affaire.

J'ai eu envie de leur montrer ce dont j'étais capable.

Le funk, ça me connaît, je m'entraîne depuis tout petit. Je me souviens encore du soir où, après avoir regardé avec mon père une émission musicale, j'ai annoncé à ma mère, assis dans mon petit lit, que « Quand je serais grand, je serais noir. » Quand elle m'a dit que ça ne serait jamais possible, j'ai pleuré.

Je me demande si Michael aussi, il a pleuré quand il s'est aperçu qu'il devenait blanc…

Vu que je connaissais les paroles par cœur, j'ai pu me lancer dans une imitation pas trop moche, qui empruntait par moments à Curtis Mayfield. Le costume m'était d'une grande aide, malgré la chaleur (le

Nylon, ça respire pas). Mais je crois que surtout, je me sentais bien. Aussi incroyable que ça paraisse, je me sentais *moi-même*. C'était peut-être juste le mauvais mousseux dans mes veines. Ou la présence d'Alex et de Kévin qui frappaient dans leurs mains pour accompagner ma danse. Ou encore, l'impression que je me foutais complètement du regard des autres, qui pourtant était braqué sur moi.

L'espace d'un instant, je me suis imaginé ce que ça pourrait donner si, un jour, je montais sur une scène.

J'ai eu le pressentiment que, même si je ne chantais jamais du funk et que je ne serais jamais noir, et même si je continuais toute ma vie à détester qu'on me regarde dans les yeux ou qu'on m'embrasse en public, je m'y sentirais aussi bien qu'un poisson dans l'eau. Faire de la musique et chanter devant les autres, ça n'a rien à voir avec la pudeur. Ça lui échappe même totalement. La preuve : Michael Jackson était un grand timide. Morrissey est un taciturne mélancolique à la limite de la sauvagerie, ce qui ne le retient pas de se rouler sur scène en déchirant ses chemises. Et je ne parle même pas de Jim Morrison ou de Serge Gainsbourg, maladivement introvertis, ce qui, non seulement, ne les a pas empêchés de faire carrière, mais expliquait sans doute leur besoin de défoulement et de provocation.

Quand je me suis aperçu que j'avais sombré dans la psychologie, j'ai eu un frisson d'horreur. Mais trop tard : je tenais ma théorie. Une théorie curieusement libératrice, qui m'apportait beaucoup, sans que je sache expliquer pourquoi.

Une seule personne devait pouvoir comprendre ça.

Quand la chanson s'est arrêtée, je me suis dégagé des bras qui me retenaient en réclamant qu'on remette une chanson de Michael Jackson, comme si j'étais un juke-box où il suffit de glisser une pièce. Je cherchais Natacha des yeux.

Elle n'était pas parmi les danseurs, elle n'était pas non plus parmi les boudeurs qui marquaient leur mépris pour *cette musique de daube* en restant le cul sur une chaise.

En fait, elle n'était nulle part.

Natacha s'était tout simplement barrée.

11 . Où le sang circule n'importe comment

Je suis sorti sur le parking du pétanque-club pour la retrouver. J'avais le pressentiment qu'elle devait y être, et en effet, je l'ai trouvée en train de partager une clope avec Don, qui avait fini de vomir et soignait son indigestion à la nicotine.

– Qu'est-ce que tu fais là ? m'a-t-elle demandé d'un ton assez froid. T'es pas avec tes *vrais* amis ?

Hum. Une entrée en matière qui sentait presque aussi mauvais que mes aisselles enrobées de Nylon moulant. À court de répartie désopilante, ou même tout simplement pertinente, j'ai préféré aller droit au but :

– Je ne comprends pas. Qu'est-ce que tu me reproches, exactement ?

Elle a tiré sur sa cigarette avec un agacement bien palpable qui l'a soudain fait ressembler à mon père, quand je l'énerve. Sans vouloir offenser personne, se dire que sa petite amie ressemble à son père, c'est un vrai tue-l'amour.

– Voyons, qu'est-ce que je pourrais bien avoir à te reprocher ? a-t-elle répondu d'un ton qui laissait percer l'ironie sous la colère. De ne pas faire attention à moi ? De passer ton temps avec tes super potes qui t'adorent ? Non, ça ne peut pas être ça, n'est-ce pas ?

– Euh…

– Attends, maintenant que j'y pense, ça me revient… Peut-être que je te reproche de m'avoir forcée à venir pour mieux me laisser en rade au milieu de débiles à peine pubères, dont la moitié sont déguisés en Lapins Crétins ? Des types que je ne connais pas, à qui tu ne m'as pas présentée, et qui de toute évidence, sont tout disposés à me prendre pour une *tepu* ?

Malgré son état d'ébriété, Don a semblé deviner que cette remarque lui était destinée. Il a jugé plus prudent de s'éloigner de quelques pas, pour aller contempler le lampadaire qui dispensait sa lumière glauque le long de la rue. Je serais bien allé lui tenir compagnie, mais mon supplice n'était pas terminé.

– Et si c'était le fait que tu entretiens savamment l'ambiguïté autour de ta relation avec Alexandra ? Hein ? Je me demande si ce ne serait pas ça, par hasard…

Je n'avais pas grand-chose à dire pour ma défense concernant les points précédents. Mais là, il fallait réagir :

– Attends, là, tu délires. Je *n'entretiens* pas l'ambiguïté. C'est quand même pas de ma faute si un bourrin de ma classe s'est mis en tête que je sortais avec elle ! Je le connais à peine, en plus. C'est Kévin qui l'a invité…

– Et alors, ça change quelque chose ? S'il croit que vous êtes ensemble alors qu'il ne te connaît pas, c'est qu'il a des raisons de le croire ! Des raisons objectives. Il s'en tient à ce qu'il voit ou à ce qu'il entend – ne m'interromps pas, je viens de lui parler, c'est ce qu'il m'a dit.

– Mais il ne sait rien ! Rien de rien ! Tu ne vas quand même pas me rendre responsable s'il y a des rumeurs qui circulent sur mon compte au lycée !

– Pas de fumée sans feu… a-t-elle lancé dans un sourire fielleux, avant d'envoyer son mégot exploser sur le bitume.

Mon sang n'a fait qu'un tour, comme on dit dans les vieux bouquins.

Je ne sais pas combien de tours il est censé faire exactement, mais là, je l'ai clairement senti prendre des raccourcis et se ruer massivement vers ma tête.

– Putain, Natacha ! Me sors pas ça ! Pas toi ! C'est quoi, ces conneries de fond de tiroir ? T'as pas mieux en magasin ? C'est pas la peine de faire de la psycho-patho-bidule à la con, pour en arriver à me balancer un lieu commun pareil !

– De la psycho quoi ? Répète un peu !

– Psycho-patho-bidule à la con de merde !

J'ai senti que je m'étais laissé emporter légèrement. Mon sang a reflué tout d'un coup, comme s'il se sentait merdeux, et il a dû se cacher tout au fond d'un ventricule, parce que soudain je ne l'ai plus senti nulle part, ni dans ma tête ni dans mes jambes devenues toutes molles.

Natacha a reculé d'un pas. On aurait cru qu'un éléphant en parachute venait d'atterrir entre nous.

– Si c'est ce que tu penses des choses qui m'intéressent le plus, je n'ose pas imaginer ce que tu penses de moi…

– Mais… Je ne pense pas ça… Je ne pense rien… De toi…

Ça y est. Mon disque dur m'avait lâché.

– Ouais. Tu ne penses *rien* de moi, en fait. C'est génial.

Gros silence.

J'étais toujours en train d'essayer de faire *reset*, mais sans succès. Mon cerveau semblait avoir adopté une vie végétative.

– J'ai l'impression qu'on s'est bien plantés, tous les deux, a-t-elle fait d'une voix triste et lointaine. On n'a rien à faire ensemble.

Sans pouvoir réagir, je l'ai vue ramasser sur un muret son petit sac bariolé, le passer à l'épaule et se diriger vers la rue.

– Qu'est-ce que tu fais ? ai-je réussi à crier, retrouvant soudain l'usage de la parole. Où tu vas ?

Elle n'a pas bronché, continuant à s'éloigner de moi.

Je l'ai vue parler à Don, sous son lampadaire, et tout à coup ils ont traversé la route et se sont dirigés tous les deux en direction de la station de métro. J'ai couru derrière eux.

– Mais, vous allez où ? Vous êtes dingues, ou quoi ?

Don s'est retourné. Il est revenu vers moi.

– Désolé, mec. C'est pas de bol. Mais c'est pas toujours les gentils qui gagnent à la fin, tu sais...

Sans l'écouter, j'ai voulu m'élancer à la poursuite de Natacha, mais il m'a retenu par le bras assez fermement pour que je comprenne qu'il avait complètement dessaoulé. J'ai réussi à me calmer pour lui demander d'une voix blanche :

– Où vous allez, comme ça ? Il est tard, y'a plus de métro, plus de bus... Où tu l'emmènes ?

Il a souri. Pas le genre de sourire cynique auquel on pouvait s'attendre. Juste un petit sourire de commisération à mon égard.

– T'as jamais entendu parler du Noctilien ? Y'a des bus toute la nuit, mon vieux.

– Mais elle habite dans Paris !

– Hé ben, te bile pas, je la raccompagne dans Paris ! Je suis un gentleman, moi.

Et c'est comme ça que Natacha en sari, escortée de Donald déguisé en curé et couvert de mousse au chocolat légèrement teintée de vomi, ont disparu dans la nuit.

Fin de ma super teuf de dix-huit ans.

Si vous avez jamais eu un cadeau d'anniversaire plus pourri que ça, écrivez-moi.

Ça me fera plaisir.

12 . Blues des matins blêmes

Je suis rentré à six heures du matin, sur le scooter d'Alex. À moitié endormi – c'est elle qui, d'un coup de coude, devait me retenir de tomber, quand elle sentait que je glissais.

Je n'ai aucune idée de la façon dont s'est finie la fête.

Il est presque certain que la musique a continué. Il est probable qu'on ait dansé. Il est possible que j'aie continué à boire. Selon toute vraisemblance, tout le monde s'est bien amusé. Certaines rumeurs prétendent même qu'on aurait fait la chenille en chantant sur le parking.

Tout cela (et plus encore) me paraît plausible. Vous pouvez considérer que c'est un fait acquis. Mais ne me demandez pas de vous le raconter, parce que je n'en ai aucun souvenir.

Tout ce que je me rappelle, c'est le réveil chez Mamie. Un réveil dans ma chambre du Kremlin, avec les plis de l'oreiller décalqués sur la joue, en plein dans un carré de lumière parce que j'ai oublié de fermer les volets et qu'il est midi, j'ai l'habitude. Des réveils comme ça, j'en ai connus pas mal depuis que je suis môme. Cela dit, quand j'étais môme, je me réveillais un peu plus tôt en serrant dans mes bras un ours en peluche répondant au nom de Balthazar, dit Bazar pour les intimes*. Cette fois, au lieu d'un nounours, je serrais quelque chose de chaud et de lisse qui s'est avéré être un bras humain.

Dans mes cauchemars avinés, je m'étais débattu avec une quantité considérable de *zombies* et j'avais été contraint d'en découper un certain nombre à l'aide d'une petite cuillère en plastique. Mon cerveau, qui fait le travail d'un monteur au cinéma, a aussitôt bricolé un plan raccord pour justifier la présence de ce bras. J'avais démembré un *zombie* et je m'étais endormi avec mon trophée. Satisfait par cette explication, je m'apprêtais à me rendormir, quand ce bras a bougé. J'ai tâté un peu plus haut et senti qu'il était rattaché à une épaule tout à fait vivante.

– Hé ! Ça va pas, qu'est-ce que tu fous ?

En reconnaissant la voix d'Alex, j'ai été pris d'un spasme nerveux et me suis écarté d'un mètre en hurlant.

– Haaaaa !

On s'est regardés, assis dans le lit, l'un en face de l'autre.

* D'après certaines sources autorisées, il s'agissait d'un lapin. J'ai toujours cru que c'était un ours, personnellement.

– Ben, faut pas te gêner, dis donc ! Tu me prends pour quelqu'un d'autre, on dirait ! a-t-elle continué à râler.

La dure réalité m'est revenue sous la forme d'un mal de crâne carabiné. Natacha m'avait quitté et j'avais la gueule de bois.

J'aimais mieux les *zombies*.

Puisqu'on était bien réveillés et qu'il n'y avait plus rien d'autre à ajouter, on s'est levés. Je m'étais couché avec mon pantalon pattes d'eph', et j'ai rampé jusqu'au placard pour trouver un T-shirt décent, ma chemise funky qui traînait sur la moquette dégageant une odeur fétide de furet en putréfaction.

– Tu peux me filer un truc ? a demandé Alex. J'ai pas envie de remettre ma combinaison Kill Bill.

Je lui ai prêté un jean retrouvé dans l'armoire, dont les taches de cerises délavées étaient encore visibles après l'été dernier, et un pull marin qui devait faire ma fierté quand j'avais onze ans. L'avantage d'avoir une Mamie qui garde tout…

Ainsi vêtus, nous sommes descendus à la cuisine.

Je nous ai préparé un café au lait, tandis qu'Alex caressait Hector, qui semblait vouloir s'assommer contre ses jambes qu'il bourrait obstinément de coups de tête.

– Qu'est-ce qu'il a, ce chat ?

– Il veut du beurre. Si tu lui en donnes, tu seras sa meilleure amie pour la vie.

– Il peut toujours attendre. Je veux qu'on m'aime pour moi-même !

Je me suis installé à table, sans même la force de sourire à la blague d'Alex.

C'est le moment qu'a choisi Mamie pour faire son entrée dans la cuisine.

– Tiens, voilà les amoureux enfin réveillés ! a-t-elle lancé sur un ton enjoué.

Et puis elle s'est arrêtée sur le seuil et a jeté un coup d'œil vers la silhouette accroupie devant Hector. Je ne jurerais pas l'avoir vue pâlir, parce que Mamie a un teint assez blanc de toute façon. Mais le moins qu'on puisse dire, c'est qu'elle a encaissé le choc.

– Natacha n'est pas là ? Je croyais que vous deviez rentrer ensemble...

– *Désolé Mario, la princesse est dans un autre château**.

– Euh ? Pardon ? a balbutié Mamie, en pleine perte de contrôle.

Alex s'est dévouée pour jouer les intermédiaires :

– Ils se sont disputés... Elle est rentrée avec un autre mec.

Mamie a pris une chaise et s'est assise devant moi, de l'air de quelqu'un qui vient d'entendre à la radio que la fin du monde est dans deux heures.

---

* Réplique culte de Super Mario Bros, comme chacun sait (je me demande pourquoi je me fatigue à faire des notes, moi...)

– C'est bête… a-t-elle finalement déploré, tout en effaçant du bout du doigt une tache sur la table. J'avais retrouvé le titre du film dont je vous ai parlé hier soir… C'était *The Party*, de Blake Edwards.

J'étais sidéré. Je venais de me faire plaquer par la première (et dernière) nana susceptible de s'intéresser un minimum à moi, et vice versa – et c'est tout l'effet que ça lui faisait, à l'ancêtre ? Alex est venue s'asseoir à côté de nous et s'est mise à découper des tranches de pain. Elle avait l'air pas du tout concernée. Et c'est vrai que d'un certain point de vue, elle ne l'était pas vraiment. Elle s'est beurré une tartine et en a posé une autre devant moi.

– T'en veux, Max ?

– Ce que je veux, c'est un crucifix et des clous.

– Et un marteau ?

– C'est bon, j'ai déjà, ai-je répondu en indiquant mon crâne, où un joyeux charpentier avait commencé des travaux de réfection.

Mamie s'est redressée sur un coude pour jeter un coup d'œil à l'horloge murale.

– Il va être treize heures… Je ferais aussi bien de manger avec vous, avant que ton père arrive.

– Papa vient ? Manquait plus que ça… ai-je fait en attaquant la confiture de cerises directement à la cuillère à soupe.

Mamie s'est levée pour aller chercher au frigo divers aliments dont la seule vue me donnait la nausée. Puis elle m'a servi un grand verre d'eau et intimé l'ordre de l'avaler sur-le-champ.

– L'alcool, ça déshydrate. À mon avis, tu ferais bien de boire un litre d'eau, pour te remettre les idées en place. Si c'est bien l'alcool, la cause de tous tes maux…

J'ai soupiré :

– Si ça n'était que ça, je serais le plus heureux des hommes…

Elle m'a regardé d'un air désapprobateur en hochant la tête.

– Dis donc, toi, t'as fait des bêtises hier soir !

– J'aimerais bien. Mais pour autant que je me souvienne, j'ai rien fait de spécial. Je me suis battu avec un con, j'ai imité Michael Jackson et je me suis engueulé avec Natacha.

– C'est déjà pas mal, a commenté Alex en sirotant son café au lait.

– Et après ?

– Après ? Erreur 404. La page demandée n'existe pas.

Comme j'avais l'air moyennement décidé à étaler les arcanes de ma vie privée, Mamie n'a pas insisté. Quant à Alex, soit qu'elle ait déjà été mise au courant la veille (il était possible que mon *delirium tremens* m'ait rendu bavard), soit qu'elle n'ait pas envie de mettre les pieds dans le plat, elle n'a rien demandé non plus. Ce qui me laissait tout le loisir d'aborder l'autre sujet du jour :

– Tu peux me dire pourquoi il vient, papa ? C'est pas que je ne tienne pas à sa présence, mais je peux pas dire qu'il me manque, non plus : je le vois tous les jours…

Mamie a repoussé son assiette et balayé de la main les miettes de pain qui jonchaient la table, signe avant-coureur d'un discours d'intérêt général.

– Ton père va nous donner un coup de main. Maxime, tu as quelque chose à faire aujourd'hui…

– Dis donc, chère vieille chose, tu trouves le moment bien choisi pour me faire bosser ? Je te préviens que, si c'est pour ton PC, les tarifs de ma *hotline* ont doublé.

– Rien à voir avec l'ordinateur. C'est pour un déménagement.

– De mieux en mieux ! Tu déménages ?

– Non, toi. Tu vas m'aider à vider tout le bazar dans ma cave.

– Quoi ? me suis-je étranglé. Et pourquoi moi ? En quel honneur ? Je viens de foirer mon anniversaire, je vais probablement louper mon bac, j'ai une vie sentimentale de merde, et il faut que je fasse de la manutention ?

– Eh bien, comme tu le dis, tu viens d'avoir dix-huit ans…

Alex s'est mise à chanter en roulant les r et en louchant pour imiter Dalida :

– Il venait d'avoirrr dix-huit ans, il était beau comme un enfant, fort comme un homme…

– « Fort comme un homme », je ne suis pas sûre, a plaisanté Mamie. C'est pour ça que son père doit venir. En plus, il faut aussi revoir toute l'installation électrique, paraît-il, et mettre un isolant phonique.

– Hein ?

Tout à coup, une ampoule allumée est venue flotter au-dessus de ma tête comme dans les dessins animés.

– Tu veux dire que… Ce serait pour moi, la cave ?

– Ah, ça, je n'en sais rien. Il faudrait la mériter.

– C'est pour que je puisse répéter ma guitare, hein ? C'est ton cadeau, c'est ça ? Hein ? Hein ?

– Bon, ça va mieux, ce mal de tête, on dirait. Alors au travail, jeune homme !

Elle a tourné les talons avant que je puisse la remercier.

On est comme ça, dans la famille. On s'adore, mais faudrait pas que ça se voie, non plus.

Vider une cave avec son père et ses potes, ça paraît sympa, de prime abord. Et c'est vrai que ça peut l'être. Mais quand on est trois à s'être couchés à sept heures du matin, et que l'un des trois vient de se faire larguer et se trimballe un blues aussi épais que la couche de poussière dans la cave de Mamie, ça s'annonce mal.

Alex avait absolument tenu à rester pour nous aider, et elle avait remis pour l'occasion sa combinaison de Kill Bill. Elle avait prévenu chez elle qu'elle ne rentrerait que le soir, puis appelé Kévin pour qu'il nous file un coup de main. Le pauvre venait déjà de se taper tout le rangement du club de pétanque avec ses frères, et je ne voulais pas abuser de sa bonté infinie, mais il a insisté. Il est arrivé sur son fier destrier : une Kawasaki 80 d'un beau vert grenouille fluo.

J'ai ouvert la grille de la maison de Mamie pour le faire entrer. Il m'a gratifié d'un beau sourire, la visière de son casque relevée en signe de beau temps, les dents criblées d'impacts de moucherons écrasés.

– Tu m'as pas entendu arriver ? J'étais à 90 sur l'avenue Salengro.

Kévin est délinquant routier (et il en est très fier).

– Fais gaffe, ai-je observé, les flics du Kremlin-Bicêtre, je les ai pratiqués. C'est des *killers*.

– T'inquiète, a-t-il répliqué, j'ai les *unités diplomatiques*.

En nous entendant parler, Alex est remontée de la cave.

– T'es là, grand couillon ? Viens ici, que je te claque la bise : elle était trop belle, ta teuf !

Là-dessus, elle lui a collé un gros baiser sur le front, qu'il a fait semblant de recevoir avec le plus grand dégoût. Parfois, j'aimerais bien les caser ensemble, ces deux-là, comme Ron et Hermione, mais ça ne marche que dans les livres. Dans la vraie vie, les gens qui se connaissent par cœur ne se mettent jamais ensemble. Les autres non plus, d'ailleurs. La preuve avec moi et Natacha… En fait, me suis-je dit, on est toujours tout seul dans l'univers et nous dérivons dans l'espace infini telles des comètes aux trajectoires hyperboliques qui ne se croiseront jamais.

Aïe. (Bobo tête.)

Kévin a garé sa moto près de l'entrée, à côté du scooter d'Alex. La cour de chez Mamie commençait à ressembler à un parking pour deux-roues un jour de *Superbike* à Magny-Cours.

Mamie a descendu les marches du perron, Hector sur les talons. On aurait pu croire qu'elle venait nous apporter une citronnade et des *cookies* comme une *granny* dans ces films américains où les ados soi-disant rebelles boivent du lait frais dans un pack en carton, debout devant le frigo. Mais bon, on est en France. Par conséquent, Mamie est passée devant nous sans trop nous regarder et a annoncé d'un ton sarcastique qu'elle préférait aller faire un tour pendant qu'on casserait tout dans sa cave.

– C'est cool ! s'est réjoui Kévin, qui a un peu de mal avec le second degré.

Un quart d'heure après, nous nous attaquions aux meubles qui occupaient la pièce en sous-sol qu'elle me réservait. Il s'agissait d'en jeter une partie, et de transférer le reste dans la cave proprement dite, où était la chaudière.

Quand mon père est arrivé, le plus gros était fait. On était déjà en train de passer le balai à l'emplacement où de volumineuses armoires avaient laissé des marques sur le lino jauni. Au milieu de la pièce, on avait laissé les meubles dont on ne savait pas quoi faire : un canapé, trois fauteuils et un monstrueux guéridon, que Kévin prétendait vouloir ramener chez lui à moto. On n'avait pas très bien compris ce qu'il comptait en faire, mais le seul mot de *guéridon* semblait le remplir d'extase, parce qu'il le répétait à l'envie :

– Je peux prendre le *guéridon* ? Il faudrait le repeindre, ce *guéridon*. J'ai toujours voulu avoir un *guéridon* chez moi.

Il devait être en train de fomenter une blague nulle.

Là-dessus, donc, mon père est arrivé. Les bras chargés, non pas de cadeaux, mais d'une caisse en plastique pleine de câbles électriques et d'outils.

Il l'a posée dans la cave pour pouvoir faire la bise à Alex, serrer la main de Kévin, avant de me coller une grande claque dans le haut du dos et m'ébouriffer les cheveux, ce qui est sa façon de me faire un gros câlin.

– Alors, Grand, tu vas l'avoir, ton local de répét' ! T'es pas heureux ?

Je ne pouvais décemment pas lui répondre non. Je lui ai fait un grand sourire avec haussement de sourcils.

– Dis donc, c'était bien, ta fête ?

Même sourire.

– Et ta copine, elle n'est pas là ? Je pensais que j'allais enfin la rencontrer, moi !

Bon. Là, il cherchait la merde…

Alex est venue à mon secours.

– Elle est repartie. Les princesses, ça ne fait pas de la manutention !

– Oui, a renchéri Kévin. Nous, on est juste les pauv' neg' qui t'availlent du' pou' missié Maxime !

L'imitation débile de Kévin a fait rire mon père.

– Ça me rappelle un truc... Tu connais Édika, Kévin ?

– Ben, non. C'est qui ?

Du coup, mon père a remis à plus tard son travail d'électricien pour fouiller dans les armoires que nous venions de déplacer. Il en a exhumé une série de B.D. de la collection *Fluide Glacial*, dont le fameux *Melon Bago* d'Édika, qu'il a tendu à Kévin, qui s'en est emparé en couinant de joie.

– Tiens, Max, c'est marrant, regarde ça...

Mon père, plongé à mi-corps dans l'armoire, a déplié un prospectus orange dont le papier gardait la trace de plis multiples. C'était le programme de la fête du lycée Romain-Rolland, datant de... 1986. On y lisait une bio du grand homme qui avait donné son nom au lycée, suivie d'une liste des animations prévues pour le samedi, et qui devaient se terminer par un concert sous le préau du bâtiment A.

– Hé ! C'est quoi, ça : *The Mainard's brothers* ! J'y crois pas !

– Je t'ai dit qu'on jouait, Christian et moi...

– Rhaa ! Excellent ! Mais c'est quoi, ce nom à la gomme ? Vous n'aviez rien trouvé de mieux ?

– Attends, on n'était pas exactement un groupe : deux guitaristes, pas de chanteur, pas de bassiste, pas de batteur. Tu imagines bien qu'on ne pouvait pas se permettre beaucoup de fantaisies. On jouait des reprises d'instrumentaux.

Kévin se bidonnait dans son coin avec sa B.D., mais Alex est venue écouter ce qu'on disait et s'est mêlée à la conversation.

– Mais vous n'auriez pas pu intégrer un autre groupe ?

– Si, sûrement. On nous l'a même demandé, d'ailleurs. Christian, surtout, il était doué…

– Quoi ? Tonton Déprimos ? Tu déconnes.

– Non, je t'assure. Il était bon.

– Et pourquoi vous n'avez pas voulu continuer dans un groupe ?

– Bof… On n'y croyait pas vraiment… Enfin moi, en tout cas, j'y croyais pas trop. Et puis Christian a été envoyé en pension, soi-disant qu'il passait trop de temps avec moi et avec sa guitare. J'avais une mauvaise influence sur lui, paraît-il… a-t-il fait en souriant.

Les confidences que m'avait faites Christian en août dernier me revenaient en mémoire. Je me suis demandé si papa était au courant du secret de famille que tonton m'avait confié. Peut-être pas, après tout… Ce qui était bizarre, c'est qu'il avait l'air de sous-entendre que c'était Christian, « le fils préféré », celui qu'on chouchoute et qu'on veut surveiller, et que c'était lui, Philippe, mon père, le mouton noir. Mon oncle avait eu une version totalement opposée, quand il m'en avait parlé au téléphone cet été.

– Moi, j'étais plutôt glandeur, j'ai foiré mon bac et j'ai revu mes ambitions à la baisse. Du coup, j'ai laissé tomber la guitare.

– Vous auriez pu continuer de jouer. Ça n'empêche pas, a fait remarquer Alex.

– C'est vrai, ça n'empêche pas. Mais moi, j'ai eu l'impression qu'il fallait choisir. La vie, c'est des choix.

Un gros silence s'est fait. Alex avait pris un air grave et méditait les paroles de mon père. Quant à moi, j'étais en pleine restructuration mentale. Le charpentier dans mon cerveau ayant fini d'enfoncer des clous, un marteau-piqueur avait pris sa place pour forer quelques trous d'aisance. Au milieu de tout ça, un architecte était en train de se balader et semblait se demander ce qu'on allait bien pouvoir faire avec tout ça, dans l'avenir.

Seul Kévin continuait à rigoler bêtement dans son coin en feuilletant *Melon Bago*.

– Ça va, fiston ? a demandé mon père. J'ai l'impression que je viens de plomber l'ambiance…

– T'inquiète, P'pa. Question plombage d'ambiance, j'ai déjà fait le plus gros, hier soir.

Évidemment, il avait du mal à piger à quoi je faisais allusion. Une fois encore, Alex est intervenue pour faire dévier la conversation :

– M'sieur Mainard, est-ce que vous pensez que Max est doué pour la guitare ? Comme vous, ou comme votre frère ?

Mon père a éclaté de rire. Un rire bref, aussitôt contenu, mais franc et spontané. Bref, à la limite du procédé vexatoire.

– Euh… C'est-à-dire… Doué, oui, il est doué… Mais, comment dire ? Hum.

Son sourire condescendant commençait à me gaver sérieusement. J'ai senti un truc brûlant me remonter dans la poitrine, un peu comme avec Natacha la veille, quand elle m'avait balancé son truc de « fumée sans feu ». C'est bizarre, parce que dans la vie, je suis plutôt le bon gars : j'encaisse, je tempère, je gère, je surfe sur le *flow*, tout ce qu'on voudra. Tout ça, jusqu'à un certain degré. Au-delà…

Rien ne va plus. Comme dirait l'autre, « passées les bornes, y'a plus de limites ».

– Ouais, bon, ça va, le *Mainard's brother*, hein. Je sais que je touche pas une bille. C'est pas un scoop.

– Mais, Max…

– Tu crois que tu peux m'enfoncer ? Mais moi, je m'enfonce tout seul, quand je veux ! Tu sais pas à qui tu causes ! Je suis le roi de la *lose*, moi ! Label *No-life unlimited*®. *Total Failure* ! Ha ha ! « Essaye encore » : on devrait m'appeler comme ça !

Ça commençait à devenir vraiment flippant.

Comme dans un rêve, j'entendais ma voix sans pouvoir la contrôler, j'étais conscient des regards que me jetaient Alex et même Kévin, qui avait abandonné sa B.D. Je voyais mon père ouvrir la bouche pour me couper la parole, et je comprenais qu'*il n'osait pas le faire* – lui qui m'a toujours cloué le bec quand il voulait, avec sa grosse voix virile.

– Tu sais bien que je rate tout, moi ! Tu me l'as assez répété : suffit de me donner un truc pour que je le casse, c'est vrai ou c'est pas vrai ? C'est pareil pour tout : les bonnes notes, le smartphone, les vacances, les fêtes, l'amour, je foire tout. Y'a que ta guitare que j'ai pas réussi à péter, mais t'inquiète, ça va venir ! Pour l'instant, je me contente d'être nul !

J'ai vu la bouche de mon père se refermer, sa pomme d'Adam rouler dans sa gorge pour déglutir. Si ça se trouve, il allait m'en coller une, comme ma mère l'aurait déjà fait. Au lieu de ça, il m'a jeté à la figure :

– Putain, Christian ! Arrête ça !

Alex a reculé de plusieurs pas, gênée. Sur le coup, je n'ai entendu que « Arrête ça ! » (ce que j'étais tout disposé à faire, parce que je me sentais parti en vrille). Et puis mon petit architecte dans la tête, qui avait tout enregistré sur son Dictaphone, m'a repassé la phrase de mon père au ralenti.

– Hein ? Qu'est-ce que t'as dit ?

Il a ouvert la bouche comme un poisson hors de l'eau. Il me faisait de la peine. Vraiment. D'autant plus qu'au moment de lui crier dessus, je ne ressentais aucune haine envers lui. Je n'ai jamais eu grand-chose à reprocher à mon père, du reste. Ce jour-là encore moins que les autres. C'est à moi que j'en voulais. Pour la guitare, où je n'excellerai jamais, mais surtout pour Natacha.

J'étais à deux doigts de chialer mais, à la place, je m'étais mis à gueuler.

Typiquement macho.

Alex est allée retrouver Kévin qui avait entrepris de sortir les cartons remplis de déchets que nous avions préparés. Ils ont quitté la cave tous les deux sur la pointe des pieds, et on les a entendus bazarder les poubelles sur le trottoir.

Ce n'est pas la première fois que mon père m'appelait Christian. Quand il y a beaucoup de monde, dans les dîners de famille arrosés, à Noël par exemple, il lui arrive de mélanger tous les prénoms, d'appeler ma mère Alice, Alice maman, Mamie Francine, et ainsi de suite, comme s'il jouait à saute-mouton dans sa tête. Mais cette fois, j'ai bien compris que ce n'était pas le même genre d'erreur. L'engueulade que je venais d'avoir avec lui, il l'avait déjà eue avec son frère. J'avais dû rejouer une vieille scène sans le savoir.

Sans crier gare, tandis que je me grattais une fesse en signe de perplexité métaphysique, voilà que mon père m'a empoigné les épaules et m'a serré contre lui.

Je pouvais à peine respirer.

J'ai suffoqué trois secondes, dans une odeur d'eau de toilette, de sueur et de mécanique que je n'avais pas sentie d'aussi près depuis dix ans au moins – et puis il m'a relâché, tout aussi brutalement.

Il n'a rien ajouté. Moi non plus.

On est repartis chacun d'un côté de la cave en reniflant plus ou moins discrètement et quand Alex et Kévin sont revenus, on les a accueillis avec de grands sourires.

– Qui veut des bières ? a demandé mon père. J'en ai dans le coffre.

Kévin s'est proposé pour aller les chercher. Mon père lui a lancé ses clés de voiture. Deux minutes après, Kévin était de retour avec un pack et... la Fender.

J'ai entendu distinctement Alex lui chuchoter :

– Mais t'es complètement con, ou quoi ? Va ranger ça tout de suite !

Je suis allé vers eux. Il était temps de les soulager un peu, les pauvres. C'est pas parce qu'on a de super potes qu'on est obligé de les laisser patauger en plein psychodrame.

– Oh, Kévouille, t'as ramené la guitare ! Bonne idée !

J'ai fait un peu de place dans un coin de la cave, farfouillé pour trouver une prise et branché l'ampli.

Mon père a tiré le canapé défoncé contre un mur et s'est assis dessus avec sa canette de bière. Kévin l'a imité aussitôt.

– On a bien mérité de faire un *break*, a-t-il commenté.

– Surtout moi, a renchéri mon père. J'ai rien foutu de la journée !

On aurait dit Homer et Bart Simpson. Alex s'est assise à côté d'eux, avec une bière elle aussi – trop barge pour faire Marge*.

J'ai réglé l'ampli, posé mes doigts sur les frettes métalliques, palpé les cordes sous ma main droite, et fermé les yeux.

Bon.

La dernière fois que j'avais joué en public, c'était devant mon père et le vendeur de guitares, le jour où nous étions allés à Paris changer les cordes de la Fender. Ça ne s'était pas trop mal passé, sauf que le vendeur avait piqué un fou rire en m'entendant jouer l'intro de *Little Wing* de Jimi Hendrix, tout ça parce que je sautais des notes et que je jouais dix fois trop vite… Le vendeur avait cru à une « parodie grinçante », alors que c'était un hommage tout à fait sincère. Mon père m'avait déjà entendu jouer, mais jamais une composition personnelle. Et puis surtout, me suis-je dit, il ne m'a jamais entendu *chanter*. Ha ! Ha !

On allait voir ce qu'on allait voir.

J'ai commencé à jouer une petite ligne mélodique un peu dissonante vaguement empruntée à Colin Newman. Les paroles étaient en anglais et n'avaient

* Fatal, le jeu de mots, non ? Sérieux, malgré ses cheveux bleus, Marge elle est juste classe.

d'originales que le nom, vu que c'était un ramassis de slogans empruntés ça et là. Une sorte de collage de citations de chansons, mixé avec des phrases piochées dans les textes anglais qu'on nous fait traduire en classe. Ça donnait un texte complètement absurde qui me faisait rire moi-même, d'autant plus que je le chantais avec une conviction féroce.

Je l'avais déjà testé, ce morceau, quand j'étais tout seul, et son côté collage Dada me faisait tellement délirer que j'avais jamais réussi à en venir à bout. Ma compo retomberait-elle sur ses pattes ? Suspense insoutenable. Bon, pour l'instant, j'essayais surtout de gérer ma voix, qui se barrait subitement dans les graves, façon Ian Curtis en mode suicidaire sur *ON*, avant d'exploser en notes suraiguës au moment où j'avais le plus envie de rire. Vu que j'étais nerveux comme un singe de labo sur qui on teste du nouveau matos, je continuais à ne pas regarder mon auditoire, les yeux tantôt au plafond, tantôt fermés, débitant mes débilités, au bord du fou rire.

La guitare lestait mes jambes, heureusement, sans quoi j'aurais rebondi partout dans la pièce. Au niveau jeu, j'avais un peu perdu le contrôle. La notion de *note* devenait légèrement indistincte, même si je continuais à gratouiller avec acharnement, cela va sans dire.

Au bout d'un moment, j'ai senti qu'il fallait que je m'arrête. J'ai glissé un regard complice à mon père, pour lui chuchoter humblement :

– Tu vois, dans ces cas-là, il me faudrait une ligne de basse, ou de la batterie, parce que je sens que je me barre…

Mais il s'est contenté de hocher la tête, sans quitter des yeux mes mains posées sur les cordes de la Fender, visiblement inquiet que ça se remette à fonctionner.

– Tu ne regardes jamais tes mains, a-t-il commenté.

– Ben, non, pour quoi faire ? Je sais qu'elles sont là.

– Et la mélodie, tu l'inventes au fur et à mesure ? C'était de l'impro, là, non ?

– Bof, pas vraiment, t'as pas reconnu ? C'est une reprise de Wire, mais j'ai ajouté des variations.

Il a eu une moue indéchiffrable.

J'ai enfin osé tourner la tête vers le canapé où Alex et Kévin étaient restés scotchés. Personne ne disait rien. Pire : ils ne souriaient même pas. Alex s'est enfin dévouée pour résumer le sentiment général par un commentaire bref, mais efficace :

– On dirait Dark Vador qui s'est pris les couilles dans une porte.

On peut toujours compter sur elle pour apporter une touche de raffinement et de sophistication à une conversation.

– Le moins qu'on puisse dire, a repris mon père, c'est que c'est original.

– Pas vraiment : j'ai piqué l'intro à Wire, je te le rappelle…

– Ça ne ressemblait pas à Wire. C'est comme quand tu joues Hendrix, ça ne ressemble pas à Hendrix. Même la guitare, elle ne sonne pas du tout pareil que quand c'était moi qui en jouais.

– On a changé les cordes et l'ampli, c'est peut-être ça.

– Une Telecaster, c'est une Telecaster. Non, Max, c'est pas ça. C'est ta manière de jouer.

Décidément, c'était ma fête, aujourd'hui.

J'avais pourtant affronté bravement le danger et pris le risque de jouer devant trois personnes – ça méritait bien quelques encouragements, non, au lieu de cette enfilade de regards perplexes ?

– Bon, bref, c'est raté, quoi. CQFD. N'en parlons plus.

– C'est absolument pas raté. C'est *différent*.

– Mouais... C'est ce qu'on dit, quand c'est raté. Différent. Intéressant... La prof d'arts plastiques du collège, elle me disait tout le temps ça, tu te souviens, Kév ?

Kévin a hoché la tête à ce souvenir. En troisième, il avait fantasmé toute l'année sur la prof d'arts pla, principalement parce qu'on voyait la bretelle de son soutien-gorge et qu'elle ne donnait jamais de notes en dessous de 10 (ce qui suffit amplement à Kévin pour tomber amoureux).

Mon père s'est levé du canapé pour aller jeter sa canette de bière dans un carton qui traînait. Il était debout dans la pièce et a profité de sa grande taille et de sa position pour prendre un air solennel.

– Fiston, ça me fait bien chier de te dire ça, mais si ça se trouve, t'es un artiste.

Il y a eu un grand blanc épais comme un cumulonimbus. Puis, Kévin a pété (la bière, ça lui fait ça). Ça a fait rire Alex, mais moins que d'habitude. Tout le monde restait concentré, comme si chacun méditait sur la déclaration de mon père.

– Ben, merde alors… ai-je enfin lâché.

Pour être tout à fait honnête, sa révélation suprême me laissait moins stupéfait que Luke Skywalker quand Dark Vador lui sort : «Je suis ton père. » J'avais déjà soupçonné un truc dans le genre. Mais le problème, c'est que j'y ai jamais cru. Je m'étais toujours dit qu'*artiste*, c'est un mot pour la frime. Qu'on ne peut pas se dire artiste si on n'a pas donné au Vaste Monde les preuves de son talent.

Or, moi, le Vaste Monde, je l'emm… un peu, quand même, à la base.

Faudrait pas non plus qu'il attende des preuves.

13 . Où tout finit par des chansons (ou pas)

Le lendemain matin, avec mon père, nous avons installé l'isolant phonique dans la cave et changé les prises électriques. À l'heure du déjeuner, j'étais en mesure de faire quelques essais. L'acoustique n'était pas mauvaise, et Mamie nous avait assurés que, depuis l'étage, on n'entendait *presque* rien.

– Il faudra le dire, maman, si ça te dérange, l'a avertie mon père. Et toi, Max, tu prends des précautions : un local de répét', c'est pas une salle de concert.

J'ai acquiescé, maussade.

C'était horrible : je venais d'obtenir tout ce que je pouvais désirer : ma guitare, mon ampli, une cave à moi tout seul pour jouer, et même le respect tout neuf et totalement imprévu de mon père, au regard de ce qu'il appelait désormais « mon tempérament d'artiste » – et je ne ressentais pas la moindre *satisfaction*. Pourtant j'essayais…*

---

* Oui, bon, si vous n'avez pas reconnu le clin d'œil vous le faites un peu exprès, non ?

Il faut dire que, pendant la nuit, puisque je n'arrivais pas à dormir, j'avais essayé d'appeler Natacha au moins douze fois, sans obtenir de réponse. J'avais rallumé l'ordi de Mamie, m'étais connecté sur toutes les messageries et autres réseaux sociaux où je serais susceptible de la joindre, toujours sans succès. On aurait dit que Natacha n'avait jamais existé. S'il n'y avait pas eu son bon vieux profil SpaceBook® avec le dessin de Pikachu pour témoigner de sa réalité, j'aurais pu croire que j'avais rêvé tout ça…

Tout ça quoi ? me demandais-je. *Tout ça* rien. Ou pas grand-chose. Des conversations au téléphone jusqu'à l'aube. Des *chats* de trois heures devant l'écran, des engueulades et des fous rires. Une nuit, une seule, sous ses draps, dans ses bras, à me prendre pour Sinatra. Des baisers un peu partout, dans l'eau, dans la rue, dans le cou. Des sourires. L'impression d'être le maître du monde ou, si c'est pas ça, juste le garçon le plus chanceux de la terre. Pas grand-chose, hein ?

Une de perdue, dix de retrouvées, n'est-ce pas ?

Ben voyons.

Oui, mais alors, pas moi. J'en veux pas dix, moi. Je ne suis pas gourmand à ce point-là. Déjà une seule, au départ, j'étais pas chaud, si vous vous rappelez. J'étais pas sûr de savoir, pas sûr de *pouvoir* – mon corps et mon esprit ne pouvant accepter qu'une dose limitée de présence humaine à mes côtés. J'avais choisi celle-là. Et voilà, c'était raté. Mauvaise pioche. J'ai droit à un deuxième tour ? Ah ben non.

– Tu ne vas quand même pas faire la tête pendant cent sept ans ? a demandé Mamie, tandis que nous regardions mon père repartir à Ivry après le repas de midi.

– Non, parce que, dans cent sept ans, je serai mort. On sera tous morts, de toute façon. L'espèce humaine va s'éteindre dans cent ans.

– Maxime, tu es d'une gaieté folle. Tu illumines ma journée.

J'ai passé l'après-midi à me ronger les ongles sur le canapé du salon, en grognant dès que Mamie passait par là sous des prétextes futiles. La saison 1 de *Dr House* repassait sur TF1, en version française évidemment, pour les ploucs. Revoir des épisodes périmés et mal doublés d'une de ses séries préférées, imaginez l'angoisse.

De temps en temps, mon super portable *Sansong*, posé à côté de moi sur le canapé, émettait un signe de vie. Je l'avais baptisé « Satyakama », et l'avais doté de fonctionnalités piratées, telles que les sonneries personnalisées. J'en avais cinq : la musique du *Parrain* pour Alex, qui adore le film, l'Internationale pour mon père, le cri de King Kong pour la famille de Gédéon, l'appel à la prière arabe pour Kévin (pour comprendre pourquoi, faut faire un stage dans sa tête*). Enfin, la voix de Pikachu, pour Natacha. J'ai

---

* Si vous êtes partant, il reste des places en juin l'an prochain. Bon, faudra passer le bac à sa place.

presque tout entendu ce jour-là. Mais « Pika-chu ! » n'a pas résonné une seule fois…

Dès que le téléphone émettait un son, je sursautais et consultais mes messages en tremblant. Kévin me disait : « t1kiet L va revenir la keu bass », Alex me faisait des propositions dignes du clan Corleone : « Alors, je lui démonte la tête ou pas ? »

Au bout d'un moment, j'ai eu ma dose de Hugh Laurie en *frenchie* et j'ai éteint la télé. Il pleuvait, novembre approchait. Bientôt la Toussaint. Chic alors.

Être né un 27 octobre, y'a pas à dire, ça vous plombe le ciel astral.

Parfois j'oublie que je suis saturnien.

Je me suis retranché dans la chambre réservée à mon usage personnel – c'est en tout cas ce qu'elle devrait être, mais il s'avère qu'en mon absence, Mamie s'en sert pour surfer joyeusement sur le web.

– Bon, t'en as encore pour longtemps ? lui ai-je demandé quand je l'ai vue, devant l'écran, en train de jeter son spam à la poubelle avec une rapidité de tortue rhumatisante.

– Qu'est-ce qu'il y a, mon grand ? Tu as besoin de l'ordinateur ?

– Mouais. Ça se pourrait…

– Dommage, je m'en sers. On n'a qu'à faire un échange : si tu veux, je te prête mon tricot.

– Pfff…

J'avais beau faire semblant du contraire, ça m'a quand même amusé. Du coup, Mamie s'est levée et m'a laissé prendre sa place devant l'écran.

– Finalement, je vais aller faire des crêpes.

– T'as raison, je sens que je suis en hypoglycémie. À tout', Mamie… Et merci !

J'ai passé en revue tous mes comptes de messageries, sans voir apparaître Natacha. Satyakama étant à court de batterie, je l'ai rechargé, des fois qu'elle m'appellerait… Mais je n'y croyais plus vraiment. Si, quarante-huit heures après la catastrophe, elle n'était toujours pas réapparue, c'est que son amour était mort sous les décombres. Pas la peine de se fatiguer davantage.

Et dire que je n'avais même pas de musique pour me remonter le moral… Les capacités de stockage de Satyakama étant très limitées, j'avais dû faire un choix drastique et finalement retenu une cinquantaine de titres tous plus joyeux les uns que les autres. Bref, rien qui convienne à mon humeur du jour… Chez moi, au moins, j'avais mes disques. Ici, il ne me restait que YouTube. J'ai donc passé une bonne heure à faire du « zapping marginal » (après chaque vidéo, on clique sur les liens soi-disant en rapport avec elle, proposés dans la marge de droite).

C'est comme ça qu'au bout d'un moment, j'ai fini par tomber sur *Je t'aime, moi non plus*, de Gainsbourg.

Le choc.

Vu mon admiration sans borne (et amplement justifiée) pour le grand Serge d'une part, et la ressemblance étonnante de Natacha avec la Jane Birkin aux cheveux courts du film*, j'ai eu du mal à considérer ça comme un hasard total. C'était comme un signe favorable du destin, si vous voyez ce que je veux dire – oui, je sais, c'est complètement irrationnel et même franchement débile, mais si ça vous est déjà arrivé, vous saurez que la débilité est un des effets indésirables les plus fréquents du sentiment amoureux.

Du coup, j'ai partagé le clip de la chanson sur le mur de Natacha, sur SpaceBook®. Après tout, ça ne pouvait pas nuire.

Ça n'était ni méchant, ni enflammé, ni encourageant, ni décourageant. Juste un clin d'œil, quoi.

Cinq minutes après, même pas, j'avais une réponse.

Elle venait de poster une autre vidéo sur mon mur.

Je ne t'aime plus, mon amour.

Une vidéo de Manu Chao, vous pensez si ça fait tache sur mon *wall* ! En temps normal, je l'aurais virée dare-dare, même venant d'elle. Mais là, j'avais le palpitant qui palpitait et les mains moites, et j'écoutais de toutes mes oreilles cette pauvre chanson qui n'a pas dix mots de vocabulaire et trois notes de musique (Manu Chao, c'est un chanteur décroissant).

---

* Car *Je t'aime moi non plus* c'est aussi un film, chers gens.

Passé le moment de surprise, je me suis dit qu'il fallait lui répondre. Hors de question de la laisser filer ! Avec fébrilité, j'ai cherché une nouvelle vidéo sur YouTube.

J'ai trouvé *Tu me manques*, des Rita Mitsouko. « Tu me manques quand on ne s'aime pas... » Impeccable. Encore une fois, elle a laissé passer quelques poignées de minutes, pendant lesquelles j'écoutais la pluie tomber sur la marquise en verre devant le porche de la maison, un bruit qui, avec l'espoir qui me revenait, me semblait le plus beau du monde.

Et puis, elle a posté un truc complètement improbable, la vidéo d'un guitariste gitan appelé Manzanita, au titre transparent : *Ni contigo, ni sin ti**.

J'étais sur le cul.

De la guitare. Ça, c'était gentil. De la guitare ! Bon, d'accord, c'était de la guitare gitane, mais quand même. Et puis ce titre... tellement vrai ! J'ai failli éclater en gros sanglots, et j'ai aussitôt ouvert une fenêtre de dialogue sur Spacebook®. Il fallait que je lui parle. De toute urgence. Je n'avais aucune idée de ce que j'allais lui dire, mais ça n'avait aucune importance. Mais juste au moment où je le faisais, j'ai vu l'icône verte témoignant de sa présence s'éteindre : elle venait de partir.

– Rhaaaa ! Charogne ! Reste là !

---

* Pour ceux qui n'ont pas pris espagnol LV2 : *Ni avec toi, ni sans toi.*

Bouhouhou... Elle venait de s'en aller en me laissant le cœur dans la gorge.

De rage, j'ai tapé sur le bureau et ça a fait sauter le clavier. Sans le vouloir, ça a rouvert la dernière fenêtre sur YouTube.

Dans les marges, j'ai lu ce titre de chanson : *Je ne t'aime pas*. Un vieux machin de Kurt Weill chanté par Marlène Dietrich, c'est vous dire si c'était *vintage*. Je l'ai écouté d'une oreille distraite... Jusqu'à ces mots :

Je n'ai pas pleuré, je n'ai pas souffert,

Ce n'était qu'un rêve et qu'une folie.

J'ai senti une épine grosse comme le bras se planter en travers de ma gorge. J'ai écouté la musique deux ou trois fois dans des orchestrations différentes, trouvé les paroles, puis cherché la partition originale au piano. C'est fou, tout ce qu'on trouve maintenant sur Internet...

Et tout à coup, une idée m'est venue. J'ai dégringolé les escaliers.

– Ah, tout de même ! s'est écriée Mamie en m'entendant quitter ma chambre.

Sans lui répondre, j'ai continué ma descente vers la cave. Je me suis précipité sur la guitare, fait les branchements nécessaires. J'ai repris la partition. L'air rappelait un peu *Ne me quitte pas*, de Brel. Tentant le tout pour le tout, je me suis mis à chanter, avec la poutre pleine d'échardes coincée dans ma gorge :

Non, tais-toi plutôt. Je suis à genoux
Le feu s'est éteint, la porte est fermée...
Je ne t'aime pas.
Ne demande rien, je pleure. C'est tout.

Avec la guitare électrique, ça sonnait bizarrement, ça devenait à la fois plus moderne et plus grave, et ma voix se cassait petit à petit, elle se fragmentait, partait en miettes, en poudre, en microparticules solubles dans l'espace. Je l'entendais se barrer, changer à vue de nez, cette drôle de voix que j'ai, « différente », « intéressante », ratée, quoi. Une voix d'habitude si rapide à gueuler et à rire, qui soudain prenait un accent sombre et doux que je ne lui connaissais pas.

Je ne t'aime pas, ma bien-aimée.
Retire ta main, je ne t'aime pas
Je ne t'aime pas...

Même les larmes, ça ajoutait quelque chose en plus.

Je n'en ai rien fait, de cette chanson-là. Ni enregistrée (avec quoi ?), ni fait écouter à quiconque (à qui ?). Je l'ai juste répétée, jusqu'à ce qu'elle devienne mienne. Peut-être qu'un jour, je la jouerai devant des gens. Peut-être pas. Ça ne change rien, au fond, sur le fait qu'elle soit à moi, désormais.

Jusqu'à la fin des vacances de la Toussaint, les jours ont passé, comme toujours au Kremlin, entre orgies de crêpes, cessions d'ordi et longues plages de télévision, entrecoupées de parties de cartes. Je n'ai pas ouvert un cours de toutes les vacances. Le dimanche soir, de retour à Ivry, j'ai bossé comme un malade pour rattraper mon retard.

Et puis le mois de novembre s'est écoulé, morne et calme comme à son habitude, si ce n'est le bac blanc qu'il a fallu se taper. Heureusement, il ne s'est pas trop mal passé : pas encore de quoi envisager avec sérénité l'accès à Sciences Po, mais pas la honte non plus.

On ne peut pas dire que j'étais totalement dévasté, pendant toute cette période. Ni même déprimé. À vrai dire, j'essayais de ne pas trop réfléchir.

Seulement, dans mon agenda de cours, j'avais glissé une photo représentant une princesse hindoue blonde et aux cheveux courts, posant à côté d'un grand couillon déguisé en vedette de la scène funk des années 70, et je la regardais parfois, quand j'étais absolument certain que personne ne pouvait me voir…

De temps en temps, j'avais droit à un petit texto de la part de Natacha – rien de bien spectaculaire, juste un petit coucou, histoire de dire qu'elle était toujours là, même si les mots qu'on avait échangés le soir de ma fête restaient entre nous comme des cadavres encombrants. J'avais l'impression qu'elle m'en voulait, sans être sûr de savoir *de quoi*.

Évidemment, il y avait le « problème Alexandra »…

Natacha avait fini par apprendre qu'Alex était rentrée avec moi au Kremlin, que j'avais même dormi avec elle – c'est Alex elle-même qui le lui avait expliqué, et son intervention avait dû arranger un peu les choses, parce que Natacha ne m'en avait plus reparlé. Elle avait même l'air d'admettre qu'il était possible qu'Alex et moi ne soyons que de simples et vrais amis. Peut-être que, pour la convaincre, Alex avait été jusqu'à lui faire des confidences personnelles ? Quelque chose au sujet, mettons, de ses préférences sexuelles… Hein ? Si c'était le cas, ni l'une ni l'autre ne m'en avait rien dit. C'était l'omerta gynécologique.

Si Natacha continuait à m'en vouloir, c'était peut-être d'être *moi-même*, tout simplement… Et alors là, si elle attendait que je lui fasse des excuses, on en avait pour un moment ! On peut, et on doit sans doute, demander pardon pour une faute que l'on a commise – mais de quoi s'excuser, si l'on est convaincu de n'avoir rien fait ?

N'ayant pas réussi à résoudre ce problème, je me contentais de ses textos, auxquels je répondais avec zèle, dans la seconde qui suivait. Je postais sur son mur SpaceBook®, des images, des vidéos… N'importe quoi, pourvu que le lien ne se brise pas. Elle y répondait toujours, brièvement, comme du bout des doigts, en passant.

On était un peu comme deux blessés qui n'osent pas se toucher de peur de se faire mal. Et qui se contentent d'esquisser quelques gestes à travers leurs bandages, le plus doucement possible pour ne pas faire craquer les pansements.

14 . Révisons les sciences naturelles avec Gédéon

Un mercredi de décembre, j'étais de sortie avec Gédéon au Jardin des Plantes. Sa mère lui avait promis, s'il était bien sage, qu'il aurait le droit d'aller avec moi à la Galerie de Paléontologie.

On peut se demander ce que madame F. entendait par *être bien sage*, étant donné que Gédéon ne fait pas de colère, se lave les mains douze fois par jour, ne casse rien, ne tache jamais ses habits, fait tous ses devoirs à l'avance et va se coucher à huit heures après s'être lavé les dents pendant trois minutes, très exactement.

Évidemment, il lui arrive de hurler à l'école, surtout quand il y a sport. Mais franchement, qui pourrait l'en blâmer ?

Bien sûr, quand on prend le métro ensemble, il énumère toutes les stations à haute voix, et quand on arrive à une intersection de lignes, il annonce toutes les correspondances. Mais bon, si on pense aux touristes paumés que ça peut aider, je trouve ça hyper sympa de sa part.

Le seul problème avec Gédéon, c'est son côté routinier. Il est super à cheval sur le *timing*. Si j'arrive cinq minutes en retard chez eux, il est déjà en train d'aligner une armada de chimpanzés sur son bureau en signe de protestation. S'il n'y a plus de pain au chocolat dans la boulangerie sur le chemin de retour de l'école avec Vinita, c'est l'angoisse. Quand on promène Thora, la chienne, il s'attend à ce qu'elle fasse pipi au même endroit chaque jour, sinon ça le contrarie.

Du coup, effectuer avec lui une sortie qui change un peu de l'ordinaire relève de l'exploit. À moins qu'il ne soit très motivé.

C'était le cas pour cette escapade au Jardin des Plantes. Il avait d'abord fallu étudier avec lui le plan du métro, consulter les horaires sur le site de la RATP et bien entendu, au moment du départ, il avait mémorisé le trajet de telle sorte que j'aurais pu le suivre les yeux fermés.

La rame où nous sommes montés était presque vide, mais il a fallu malgré tout rester debout près des portières au lieu de s'affaler sur les banquettes, comme n'importe quel Parigot normalement constitué. Tout ça pour ne pas quitter des yeux le plan de la rame affiché au-dessus des portes. À hauteur de ses yeux, Gédéon pouvait aussi contempler un autocollant tout à fait fascinant, qui montre un lapin qui se fait prendre les doigts dans la portière du métro, avec cette inscription : *Ne mets pas tes mains sur les portes, tu risques de te faire pincer très fort* traduite en plusieurs langues. J'avoue que moi aussi, j'aime bien ce lapin, même si je le trouve un peu nunuche avec son pyjama rose.

– Il y a des étincelles qui jaillissent de ses doigts, a fait remarquer Gédéon.

– Tiens, c'est vrai. Enfin, je ne pense pas que ce soient des étincelles, à vrai dire. C'est juste un truc pour montrer que la douleur est à cet endroit.

– Ça ne fait pas d'étincelles, la douleur.

Bravo, Gédéon.

Alors que j'avais réussi à ne pas penser à ma *douleur* depuis plusieurs heures, voilà qu'elle revenait en force...

Depuis ma fête, je n'avais toujours pas revu Natacha. Ça faisait presque un mois et demi. Quarante-deux jours, pour être précis*...

En termes techniques, on faisait « une pause dans notre relation ».

À ce stade, j'appellerais plutôt ça « tirer le frein à main alors qu'on vient juste d'embrayer la seconde », mais il paraît que ce sont des choses qui arrivent. Naturellement, c'est plus sympa quand ça arrive aux autres.

Bien sûr, on se parlait toujours. Au téléphone, c'était un peu limité, car je ne perdais pas une occasion

* Je vous fais grâce des secondes, mais j'ai ça dans la caboche, si vous y tenez...

de lui proposer de nous revoir, et elle ne ratait pas l'occasion de refuser. Les conversations se terminaient en queue de poisson, on raccrochait l'un et l'autre aussi mécontents, insatisfaits, frustrés. Sur MSN, on pouvait discuter plus longtemps. À force de ne pas se voir, on en venait à se faire des confidences. Écrire à l'autre, ça devenait un peu comme tenir son journal intime. Elle me parlait de son père, qu'elle n'avait pas revu depuis des mois. De ses examens. De ses sorties, parfois. Comme ce fameux concert de Batlik, qu'elle m'avait raconté ensuite, par le menu.

J'avais feint de m'intéresser au musicien qu'elle voulait me faire découvrir, mais je me demandais surtout *avec qui* elle avait bien pu y aller. Pas avec Don, en tout cas : cet abruti l'avait bel et bien raccompagnée « en gentleman » depuis Villejuif. Après quoi, elle l'avait jeté. Vu qu'il avait les boules, il s'était empressé de raconter au lycée que je m'étais fait larguer par ma meuf le soir de mon anniversaire. Encore une belle médaille à ajouter à mon palmarès de *loser*…

Quant à Kévin, il essayait de me remonter le moral à grands coups de blagues débiles qui me faisaient de moins en moins rire. C'est triste, quand on n'arrive plus à rire des vannes à deux balles de Sa Kévinerie.

Et tout ça me faisait mal. Un mal brillant et aigu, comme l'étincelle jaune sur le dessin du lapin.

Pris d'une lassitude subite, je me suis laissé choir sur un strapontin près des portes. Gédéon ne m'a pas jeté un regard. Ce qu'il y a de rassurant avec lui, c'est que même si je me mettais à chialer comme un veau dans la rame de métro, ce serait sûrement la dernière personne à faire attention à moi.

J'ai joué machinalement avec la petite peluche de singe accrochée à son sac à dos, et qu'il emmène partout. C'est un Kiki. Alice en avait un aussi quand elle était petite, et je m'amusais à lui fourrer le pouce dans le nez. J'ai essayé de faire la même chose avec celui de Gédéon.

Vers Odéon, il a fallu se pousser pour laisser entrer les gens. J'ai tiré Gédéon par son sac, histoire qu'il ne se fasse pas emporter trop loin de moi. Il s'est laissé faire, et a fini par se ranger à mes côtés, le sac à dos sur le ventre pour prendre moins de place et ne pas risquer de se le faire chourer, comme sa maman lui a appris à le faire. Il était mignon. Ses grands yeux bleus continuaient à fixer le trajet de la ligne 10, et j'imagine qu'il devait se faire une joie d'annoncer notre imminente jonction avec le RER à la station Cluny-la-Sorbonne.

Je continuais à tenir son petit singe en peluche, dont j'essayais d'enfourner le pouce dans la bouche d'une seule main. Gédéon, sentant qu'on touchait à son sac, a fini par regarder ce que je faisais. Il a ouvert grand la bouche, horrifié, et avant que j'aie pu dire quoi que ce soit, il a hurlé très fort :

– Arrête de tripoter mon kiki !

Un grand silence s'est fait autour de nous. On n'entendait plus que le ronron des rails.

J'ai écarquillé les yeux et tenté de sourire à la ronde, mais les regards méfiants qu'on m'a jetés m'ont bientôt démontré qu'il était inutile d'essayer de se justifier par des mimiques éloquentes. Voilà, c'était la fin de ma carrière de précepteur spécialisé en Aspies : un justicier masqué, comme il y en a tant dans la ville, allait sûrement composer en douce le numéro d'« Enfance en danger », et les flics viendraient me cueillir à la prochaine station…

J'ai fini le trajet, la tête entre les mains.

– Gare d'Austerlitz ! a braillé Gédéon.

On était arrivés.

Je suis descendu précautionneusement, en prenant garde de ne pas toucher le sac de Gédéon et surtout pas son fameux Kiki, pour ne pas qu'il se remette à hurler. Aucun uniforme en vue sur le quai.

Rien n'était donc perdu, « fors l'honneur », comme disait l'autre*.

Au Jardin des Plantes, il a fallu se farcir tout le défilé des squelettes de dinos. Heureusement, les sauriens passionnent moyennement Gédéon. J'ai essayé de lui expliquer que la Galerie de Paléontologie avait servi de décor au film *Adèle Blanc-Sec*, mais il s'en foutait comme

* Vous, la prof d'histoire, arrêtez de souffler aux autres ! O.K., c'était François Ier, mais vous n'étiez pas obligée de le dire.

de l'an 40. Quand j'ai voulu attirer son attention sur les spécimens de monstres conservés dans du formol, il n'a même pas tourné la tête pour les voir. Pourtant, un chat à trois têtes, c'est pas banal. Mais lui, ce qu'il voulait, c'était voir des singes. Au rayon primates, il a eu un de ses sourires spéciaux qui ressemblent à des grimaces, toutes dents dehors, les yeux ronds.

J'ai senti qu'on en avait pour un moment. Du coup, j'ai sorti Satyakama, machinalement. On captait bien. Trois barres, signal fort. Aussitôt, mon pouce a glissé sur le répertoire et j'ai appelé Natacha. Sans réfléchir à ce que j'allais lui dire.

D'ailleurs, la seconde avant, je n'y pensais même pas.

En quarante-deux jours, ce genre de réflexes idiots m'arrivait de plus en plus souvent… Je devenais un maniaque compulsif du téléphone. Tout ça pour, au final, bredouiller quelques âneries, m'énerver et raccrocher ! Navrant.

Irrationnel, dépendant. Un légume.

Le pire, c'est que j'y pouvais rien. Personne n'y peut rien. C'est stressant, l'amour. Je me suis demandé si Gédéon connaîtrait jamais ce sentiment. Ça m'a fait peur pour lui. Un truc aussi incontrôlable, il risquait de ne pas y survivre. Et pourtant, comment ne pas lui souhaiter ça quand même ?

Natacha a répondu.

J'étais tellement content de l'entendre que je n'ai rien dit.

D'habitude, je lui donne des tas de surnoms débiles pour cacher ma timidité, du genre *mon hamster à roulettes*, *mon tire-bouchon en mousse*, *ma choucroute en plastique*, *mon dindon farci*. Ça la fait toujours rire et en général, moi aussi, parce que juste au moment de le dire, je ne sais même pas ce qui va sortir. C'est comme le tirage du Loto. Là, rien n'est sorti, j'étais tout sec. Heureusement qu'elle voyait mon numéro s'afficher sur son portable, sans quoi elle aurait probablement cru à un canular d'excité anonyme, le genre qui respire fort dans le combiné en poussant des gémissements rauques (on faisait ça les mercredis avec Kévin quand on était en cinquième – rien que l'idée continue de me faire rire, mais je ne le fais plus, juré).

J'ai fini par bredouiller :

– C'est moi.

– Je sais. Mon portable reconnaît encore ton numéro, quand même.

– Ah bon ? Il affiche quoi, quand j'appelle ?

– Il affiche : « Fatal Error ». Bon, tu veux quoi ?

Le son de sa voix était très assourdi, mais c'était juste parce qu'elle sortait de cours. Non, je ne la dérangeais pas (voix assurée, probabilité de vérité : 98 %). Oui, elle voulait bien me parler (là, petit silence, air évasif : expectative). Vu que je n'avais rien préparé, je me suis lancé dans une impro sans filet.

Le mieux, dans ces cas-là, c'est encore de dire ce qu'on a sur le cœur. C'est à peu près le seul truc qu'on ne regrettera jamais.

– En fait, je ne veux rien. Tu me manques, c'est tout.

– C'est gentil.

– Mais je *suis* gentil. Rappelle-toi… T'es où ?

– À la Sorbonne. Et toi ?

– Juste à côté, au Jardin des Plantes ! Avec mon Aspie, tu sais…

– Galerie de l'Évolution ?

– Non, Paléontologie. Plus technique, tu vois. La Galerie de l'Évolution, c'est pour les nuls. Gédéon, c'est un pro. Tu vas faire quoi, après ?

– Après ? Euh… Je prends un café avec une copine, je vais voir des potes qui répètent une pièce de théâtre. Faut que je passe chez Gibert, aussi, et… ah oui ! Faut que je recharge mon passe Navigo…

Et moi, là-dedans ?

Évidemment, je n'ai pas posé cette question. Il y avait plein de trous dans notre conversation. Faut dire que ça ne m'aidait pas beaucoup de parler en contemplant des squelettes de primates. *Memento mori*, et tout ça.

Mais tout à coup, alors que je pensais qu'elle allait raccrocher, elle a fait :

– Bon, je viens. Comme ça, je verrai Gédéon. On se retrouve à la sortie de la Galerie, devant le mammouth ?

Depuis un mois et demi, elle trouvait toujours un prétexte bidon pour ne pas me revoir. Ce jour-là, elle aurait pu facilement invoquer une excuse, vu son emploi du temps. Pourtant, elle ne l'a pas fait. J'ai trouvé qu'elle était irrationnelle.

Et ça m'a vachement rassuré.

Gédéon, en revanche, n'a pas apprécié la nouvelle. Quand je lui ai dit qu'on sortait, il s'est rembruni, mais il n'a pas protesté. Faut dire aussi qu'il avait passé les cinquante dernières minutes à comparer la cage thoracique des primates de type hominidé (les lémuriens ne présentant aucun intérêt pour lui, pas plus que les tarsiers ou les atèles). Ça suffisait amplement, vu que sa mère ne lui avait promis que trois quarts d'heure en tête-à-tête avec eux. Le truc avec Gédéon, c'est de lui mettre une montre sous les yeux : il respecte scrupuleusement les horaires.

Par contre, à l'idée de rencontrer quelqu'un d'inconnu près de la statue de mammouth, j'ai bien cru qu'il allait me faire un refus d'obstacle. Quand nous sommes sortis du musée et qu'il a compris que je me dirigeais tout droit vers la silhouette féminine et menue qui semblait nous attendre, il a pris la tangente. Je l'ai rejoint alors qu'il s'engageait dans l'allée du Jardin des Plantes.

– Gédé, je vais te présenter ma copine, d'accord ?

– Je ne m'appelle pas Gédé, mais Gé-dé-on, a-t-il articulé.

– Oui, je sais. T'inquiète, elle connaît ton prénom. Elle, elle s'appelle Natacha.

– Il n'y a que des A, comme voyelle.

– En effet, Gédé.
– Là, il n'y a que des E.
– Oui… Tiens, voilà : je suis en train d'utiliser toutes les voyelles, là. C'est rigolo, non ? Bon, on y va ?

Natacha, me voyant filer après lui, nous avait rattrapés sous les arbres. Elle a attendu que je lui ramène Gédéon, en se tenant bien sagement debout dans l'allée, les mains jointes devant elle, vachement protocolaire.

S'il s'était agi d'un autre enfant, elle se serait probablement jetée dessus pour lui faire la bise, mais elle s'est abstenue. Elle a seulement dit « Bonjour Gédéon », puis incliné la tête devant lui, un peu comme s'il était le prince Abdallah dans *Tintin*.

Visiblement, c'était une forme de salutation tout à fait compréhensible pour lui, puisqu'il lui a rendu le même geste.

On se serait cru dans une ambassade japonaise.

– Je m'appelle Natacha, je suis la copine de Maxime.
– Une copine de classe ?
– Euh… Non, pas vraiment. On n'est pas dans la même classe, tu vois. Elle ne va plus au lycée, ai-je précisé.

Cet élément d'information a semblé le contrarier quelques instants. Pendant qu'il méditait, j'en ai profité pour prendre Natacha par la taille. Parce que mine de rien, j'espérais bien qu'elle n'était pas seulement venue pour rencontrer Gédéon…

– Qu'est-ce que vous faites ? a demandé ce dernier.

– Rien, rien. Ne t'inquiète pas. Tout va bien.

Ne perdons pas de vue nos *vrais objectifs*, comme dirait mon prof d'histoire ! Natacha s'est serrée contre moi, et sa main droite m'a caressé la joue, avant de la pincer.

– Aïe ! C'est pour quoi, ça ?

– Parce que t'es bête, t'es chiant, tu m'énerves… Mais je t'adore.

Là-dessus, sa main s'est arrimée à ma nuque, façon koala sur son eucalyptus. Et crac, pouf ! Voilà qu'on s'embrasse. C'est pas que je m'y attendais pas, hein. Mais, putain, depuis quarante-deux jours, quatre heures, vingt-deux minutes et cinq secondes que j'attendais ça ! Permettez-moi d'être un brin excité.

Il s'est formé une petite bulle chaude à l'intérieur, et j'ai senti l'étincelle jaune (celle du lapin du métro) disparaître peu à peu. Voilà, j'étais guéri.

Gédéon continuait à nous regarder en plan fixe.

– Il y a de la salive qui coule de vos lèvres, a-t-il fait.

Ahem…

Certes. Merci, Gédé.

On a fait le tour du Jardin des Plantes, tous les trois, *one happy family*, comme dirait l'autre. Une famille un peu barge, quand même. Surtout que Gédéon, à l'approche de la Ménagerie, s'est mis à pousser des cris bizarres. Des cris… pas très humains, quoi. Mais le plus étonnant, c'est qu'en tendant l'oreille, on pouvait presque percevoir comme un lointain écho.

Natacha m'a arrêté d'un geste.

– Tu entends ? On dirait qu'il répond à quelqu'un.

Euh… « Quelqu'un », c'était beaucoup dire, quand même. J'ai écouté, entre deux cris, essayant d'ignorer les regards des badauds qui se posaient sur notre petit groupe de détraqués.

– Je crois que c'est un singe, ai-je conclu. Il doit être enfermé dans la Ménagerie.

– Bravo, Sherlock, on s'en serait doutés ! a ironisé Natacha.

Je me suis tourné vers Gédéon :

– Dis donc, à qui tu causes, là ?

– Je ne cause pas.

Exact. Techniquement, Gédéon ne parlait pas : il criait. Natacha, plus maligne, a repris :

– Est-ce que tu peux me dire avec quelle espèce de singe tu communiques ?

– Oui, je peux. Je communique avec un orang-outang.

– Ah, ben voilà.

Elle s'est tournée vers moi, triomphante.

– Tu lui poses des questions trop ambiguës.

– Quoi ? Ambiguës ?

– Oui, il faut des questions univoques, qui ont vraiment l'air de questions, tu comprends… Toi, t'es trop « second degré » pour lui. Trop implicite. Je parie qu'il y a plein de gens qui ne comprennent pas la moitié de ce que tu dis – même s'ils ne sont pas Asperger !

C'était pas faux. J'ai déjà remarqué que mes blagues les plus désopilantes (selon moi) ne font en général rire que 3 % de mon public*. Au lycée, comme mes sous-entendus ne sont compris que par quelques profs, personne ne sait si je suis totalement crétin ou supérieurement intelligent. Ce qui revient strictement au même, socialement parlant.

– Tu ne te rends pas compte du nombre de gens qui ne perçoivent pas le second degré, a continué Natacha. Des gens très bien, d'ailleurs – ça n'a rien à voir. Ça requiert une forme d'intelligence linguistique sans rapport avec les compétences logiques, le raisonnement abstrait, ni…

– Ahhhh Ouhouhou ! Hi ! Ha ! Ouh ! s'est exclamé Gédéon, coupant court à son exposé.

J'en ai profité pour reprendre Natacha par la taille.

– Toi, tu me comprends, quand même, non ? ai-je fait en chuchotant.

– Moi, c'est pas pareil. Je suis douée pour communiquer. Je suis une communicante-née. Ça doit avoir un rapport avec mon histoire familiale. Mes parents ne s'entendaient pas, il n'y avait que moi pour les rapprocher. Ça n'a pas suffi : ils ont divorcé quand même. Mais bref, passons…

Ce n'était pas la première fois qu'elle me parlait du divorce de ses parents. À chaque fois, j'avais l'impression que ça éclairait *quelque chose* – sans parvenir à savoir exactement sur *quoi* se faisait la lumière.

Je suis vraiment une brêle en psycho.

---

* Si vous êtes de ceux-là, je vous félicite.

Histoire de changer de sujet, j'ai proposé à Gédéon d'aller voir l'orang-outang à la Ménagerie.

– Non. On n'a pas le temps ! a-t-il rétorqué.

– On n'est pas à cinq minutes près. J'appellerai ta mère, pour lui dire qu'on a du retard...

À cette idée, Gédéon a commencé à gémir. Natacha m'a pincé le bras.

– Laisse-le rentrer, a-t-elle chuchoté.

– Ben, évidemment, je ne vais pas le séquestrer au zoo ! Je croyais juste que ça lui ferait plaisir de rencontrer son interlocuteur, monsieur orang-outang...

– Bien sûr, que ça lui ferait plaisir, mais pas maintenant. Là, pour lui, c'est l'heure de rentrer. Il faut y aller, c'est tout.

On a repris le chemin de la gare d'Austerlitz, à la grande satisfaction de Gédéon, qui semblait avoir oublié totalement son incroyable conversation avec le grand singe. Ce n'était pas le cas d'une petite fille, qui nous avait suivis depuis là-bas avec sa maman, et qui regardait Gédéon comme s'il était la réincarnation de Tarzan. Alors qu'on attendait que le bonhomme passe au vert avant de traverser, elle s'est mise à le dévisager avec une admiration éperdue – à moins que ce ne soit cette curiosité stupide et hébétée propre aux enfants de trois à huit ans. Gédéon a commencé à se dandiner d'un pied sur l'autre, comme un poulet qui a envie d'uriner.

Natacha s'en est aperçue et elle est venue s'interposer entre lui et la petite. Aussitôt, Gédéon s'est calmé.

– Dis donc, si sa mère voyait ça, c'est toi qu'elle embaucherait pour garder Gédé ! me suis-je exclamé.

– Sans doute. Mais ne t'inquiète pas, tu t'en sors pas si mal non plus… Et puis maintenant, il s'est attaché à toi.

En effet, Gédéon venait de me donner la main pour traverser. J'en éprouvais une sorte de fierté paternelle assez crétine.

Devant l'entrée du métro, on s'est regardés, Natacha et moi.

– Faut que je rentre avec Gédéon. Tu fais quoi, toi ? lui ai-je demandé. Tu pourrais passer, tout à l'heure…

– Où ça ? Chez toi, à Ivry ?

– Pourquoi pas ?

Elle a grimacé.

– Avec tes parents, ta sœur, et tout ça ? Euh… Je suis pas encore prête pour affronter la famille Mainard au grand complet. Ce sera pour une autre fois, peut-être.

Tout cela n'était pas en mauvaise voie du tout, me suis-je dit. « Une autre fois », ça n'est pas un refus. Comment on dit, déjà ? Chez une fille, *non* c'est *non*, et *peut-être*, c'est *oui* ? * Retrouvant ma belle confiance légendaire, je lui ai proposé de venir en fin de semaine : d'ici là, j'aurais eu le temps de bosser,

* Ah bon, vous trouvez ça sexiste, comme remarque ? Promettez-moi que vous le direz pas à Natacha, hein ?

et avec un peu de chance, mes parents trouveraient peut-être une idée originale pour passer la soirée ailleurs que chez eux.

– Ça marche, a-t-elle fait, en me tendant la bouche pour un bisou.

J'ai fermé les yeux, pendant qu'on repartait pour un tour de manège gratuit.

– C'est sale…, a grommelé Gédéon.

Le vendredi soir, quand Natacha est arrivée, il était neuf heures et j'étais en train de plancher sur un devoir d'éco, tout en répondant aux questions de Kévin sur MSN qui venait me distraire par des commentaires idiots sur le « rendement anticipé », sujet sur lequel on était censés bosser. Évidemment, les modèles d'investissements, ça ne prête pas forcément à rire, sauf si on s'appelle Kévin et qu'on a l'esprit très mal tourné. Tout ça en écoutant *Rascalize* (excellent album des Rascals) à fond les manettes, comme il se doit. Forcément, je n'ai pas entendu la sonnette de l'entrée.

Quand la porte de ma chambre s'est ouverte, j'ai saisi le premier objet qui se trouvait à ma portée et j'ai fait un grand geste pour le balancer en direction de l'intrus qui avait osé entrer sans frapper, et qui ne pouvait être que ma sœur.

En regardant de plus près l'objet, je me suis aperçu que c'était Satyakama. Et en regardant mieux l'intrus, j'ai constaté que ce n'était pas Alice, mais Natacha. Gasp !

– C'est comme ça que tu m'accueilles ? a-t-elle fait d'un ton froid.

Dans un seul mouvement de nageur de crawl, j'ai bondi de ma chaise pour refermer la porte de ma chambre. Je me suis pris le pied dans mon sac de cours et je suis bêtement tombé à genoux devant elle.

– Je ne t'en demandais pas tant, a-t-elle fait en souriant.

Pendant que j'y étais, autant en profiter. J'ai essayé d'introduire ma tête entre ses cuisses en fourrageant comme un chien.

– Arrête, tu vas me faire tomber !

C'était bien mon but. Elle s'est affalée sur mon lit et j'ai sauté à pieds joints à côté d'elle avec un rire machiavélique.

– Ha, ha ! Rends-toi, Moriarty !

Elle m'a ramené à la raison en me tirant par les cheveux.

– Bon, tu faisais quoi à l'instant, pour être aussi occupé ? C'est ta sœur qui est venue m'ouvrir. Elle m'a amenée à ta chambre direct, elle m'a même pas dit deux mots. Tu parles d'une peste. Je suis limite humiliée, là.

Je lui ai adressé mon regard de Chat *potté* *, comptant sur une ressemblance même vague avec son

* Vous n'avez pas vu *Shrek 2* ? Mais sur quelle planète vivez-vous ?

cher Frank Sinatra, pour racheter mon insondable négligence. Ça a dû fonctionner plus ou moins, parce qu'elle n'a pas insisté davantage.

– Ils sont sortis, tes parents ? m'a-t-elle demandé.

– Ouaip. Je les ai expédiés au cinoche ! Ils rentrent à minuit. Du coup, Alice a le droit de regarder des conneries à la télé. Ça doit être pour ça qu'elle a fait la tête quand t'as sonné.

– D'après ce que j'ai entrevu en passant devant le salon, elle regardait les *Simpson*. C'est une sorte de culte familial ?

– Parfaitement. Nous sommes tous membres de la secte des Simpsoniens du Premier Jour.

Elle a souri et m'a appuyé sur le bout du nez, un geste qu'elle fait souvent – un geste idiot, que j'avais complètement oublié et dont je me suis aperçu à cet instant qu'il m'avait manqué presque autant que ses baisers, depuis un mois et demi.

– Tu restes dormir ? ai-je chuchoté à son oreille, le cœur gonflé d'espoir (si toutefois c'est bien du cœur qu'il s'agissait...)

– Je reste, oui. Mais... *dormir* ? T'es sûr qu'on va dormir ? a-t-elle répliqué sur le même ton, un sourire coquin en prime.

J'ai failli hurler *Yeepeeee* ! mais je me suis retenu. Je suis un gentleman, moi.

Un peu plus tard dans la soirée, après diverses activités dont je ne dirai rien, même sous la torture*, Natacha a déclaré qu'elle « mourait de faim » et qu'elle « pourrait manger un bœuf », affirmation à peine exagérée, car je pense qu'elle en serait réellement capable (à condition que le bœuf soit mort, tout de même : c'est pas une sauvage). On s'est donc glissés tous les deux dans la cuisine, à la recherche de nourriture, tel un couple de charognards dans la savane hostile. Il y avait un reste de lasagnes au frigo et je les lui ai fait réchauffer.

En bâillant, je regardais son assiette tourner sur elle-même dans le micro-ondes, comme une danseuse de boîte à musique. L'affichage numérique du four indiquait une heure et douze minutes. Natacha est venue, en bâillant elle aussi, se coller à moi par derrière, et j'ai senti sa tête reposer sous mon omoplate gauche.

Quand le micro-ondes a fait « Ding ! », elle a sursauté. Je crois qu'elle était en train de s'endormir.

C'est le moment précis qu'a choisi ma mère pour faire son apparition dans la cuisine.

À vrai dire, je ne peux pas affirmer qu'elle ait *choisi* son moment. Vu la tête qu'elle a faite quand elle nous a vus tous les deux scotchés devant le micro-ondes, on peut juger qu'elle ne s'attendait pas à nous voir. Bien sûr, elle savait que Natacha devait venir ce soir. Bien sûr, elle avait dû voir la lumière allumée dans la cuisine. Mais étant donné le silence qui y régnait,

* Qui a dit : « Ils ont joué au Scrabble » ? Je vous ai entendu.

elle s'attendait sans doute à m'y trouver seul. Manque de bol…

– Oh ! Hello ! a lancé Natacha, toujours sociable.

Hum. Ma mère est nettement moins excentrique que la sienne, et considérablement moins anglophile. Un informel « hello » au beau milieu de la nuit n'était pas pour la contenter.

– Enchantée, lui a-t-elle répondu d'un ton assez froid.

Ça démarrait mal.

– Vous allez manger, à cette heure-ci ? a demandé ma mère.

Il y avait quelque chose, dans son ton, d'un peu condescendant – je ne sais pas si c'est le mot juste, mais en tout cas, ça m'a gonflé. Aussitôt, j'ai *switché* sur le mode ironie.

– Non, on s'amuse à faire tourner des trucs dans le micro-ondes, pour passer le temps. Tu veux jouer aussi ?

J'ai senti Natacha étouffer un éclat de rire contre mon dos.

– Merci bien, j'étais juste venue prendre un verre d'eau, pour avaler mon cachet. J'ai mal au crâne.

De fait, elle a rempli un verre au robinet qu'elle a bu devant nous, en déglutissant ostensiblement au passage de son comprimé. Chacun évitait de se regarder, Natacha et moi de peur d'éclater de rire comme les deux grands nerveux qu'on est, Natacha et ma mère, par gêne, et ma mère et moi par pudeur.

– J'espère que vous apprécierez les lasagnes, a lâché ma mère à l'intention de Natacha. C'est moi qui les ai faites.

– Je m'en doutais, elles ont l'air délicieuses… a répondu poliment la belle-fille idéale.

– Ça m'a pris des années avant de savoir les faire comme ça.

– Il faudra transmettre ce savoir-faire à votre fils, alors ! a suggéré Natacha d'un ton enjoué, en me balançant un coup de coude. Il est doué pour la cuisine, enfin… C'est ce qu'il dit ! Il paraît qu'il fait cuire des aubergines comme personne… Il faut lui donner la recette des lasagnes !

– Sûrement pas. J'espère bien qu'il viendra les manger chez moi !

Là-dessus, elle m'a gratifié d'un regard de défi. Genre : « Je suis ta mère pour l'Éternité et au-delà, sois maudit si tu l'oublies ! » ou quelque chose dans ce goût-là. J'ai tenté de détourner un peu la conversation sur un autre sujet :

– Alors, il était bien, votre film ?

Je leur avais chaudement recommandé d'aller voir *Des hommes et des dieux*, dont tout le monde disait grand bien. Personnellement, je me serais fait hacher menu comme chair à pâtée, comme disait le Chat Botté (le vrai) plutôt que d'aller voir une chose pareille – rien que le titre me lève le cœur, c'est vous dire.

– Bof. Ça m'a collé mal au crâne, et ton père a dormi. Mais bon, le but était atteint, non ? On n'était pas à la maison ce soir…

– Ahem…

On peut dire que ma mère avait choisi de faire son entrée dans un registre plutôt dramatique. Comme ma sœur, elle a une prédilection pour les rôles de tragédienne. Ça doit être son sang corse qui fait ça. Après un dernier coup d'œil plein de noblesse outragée, la fille naturelle de *Colomba* et d'Yvan Colonna a quitté la cuisine.

Natacha m'a jeté un regard terrifié :

– C'est moi qui psychote, ou bien tu n'es entouré que de lionnes prêtes à me mettre en pièces ? D'abord Alex, ensuite ta sœur, puis ta mère…

Elle s'est assise pour attaquer ses lasagnes à la petite cuillère. J'ai haussé les épaules.

– À mon avis, c'est toi qui psychotes. Regarde, ma grand-mère : elle a été sympa, non ?

– Super Mamie, d'accord. Mais les autres…

– Tu veux mon diagnostic ? Crise de paranoïa aiguë.

– Possible.

Elle a enfourné une grosse plâtrée de pâtes multicouche bolognaise-béchamel dans sa jolie petite bouche, avant de répondre :

– M'en fous. Elles m'auront pas comme *cha*. Chuis coriace.

Je l'ai regardée se goinfrer, le cœur gonflé d'une admiration éperdue, des paillettes plein les yeux.

– Tu veux dire que tu ne vas pas me jeter tout de suite ? ai-je fait d'une voix de hamster timide.

– Non. Tu peux encore servir.

– C'est vrai, ce ne serait pas très responsable, écologiquement parlant.

– Je suis pour le développement durable des sentiments, a-t-elle proclamé. Et puis, j'aime bien la difficulté.

J'ai souri, au bord de l'implosion cardiaque :

– T'es gâtée, alors, avec moi…

– À donf, a-t-elle conclu en raclant son assiette. Plus, ce serait trop.

15 . Où l'on ourdit de grands projets

Finalement, Natacha est restée à Ivry jusqu'au lendemain soir.

On a passé beaucoup plus de temps dans ma chambre que n'importe où ailleurs. Jusqu'à 17 heures, ce samedi-là, nous n'en sommes pas sortis. Ma mère est allée jusqu'à déposer devant la porte de ma chambre un plateau-repas, comme si j'avais été séquestré chez moi par une maniaque. Évidemment, le contenu du plateau a été consommé intégralement, mais je n'en ai pas tellement profité…

En fait, ce qu'on a fait de beau, je peux bien vous le dire à vous : on a surfé sur le Net à s'en exploser les yeux.

Drôle d'idée, me direz-vous. Je m'imagine bien que certains d'entre vous, s'ils étaient enfermés avec leur *girlfriend* (ou leur *boyfriend*, en fonction des facteurs précédemment cités), auraient sans doute d'autres priorités. Certes, mais laissez-moi vous dire que la nuit nous avait suffisamment permis de faire le tour de la question sur certains points. Ensuite, une idée nous est venue au cours de la journée et il a fallu qu'on la mette en application, ce qui nous a demandé du temps et pas mal de clics.

Il faut que je vous explique.

D'abord, ça a commencé tranquillement : j'ai allumé mon ordi vers midi, alors qu'on venait de se réveiller. D'habitude, je n'ai pas besoin de l'allumer, il reste en veille toute la nuit, mais Natacha m'a pris la tête pour que je l'éteigne, soi-disant que ça émet des ondes ou je ne sais pas quoi, à croire que je dors depuis des années dans une centrale atomique. Bref.

Au réveil, donc, j'ai deux ou trois réflexes (« de vieux garçon », dixit Natacha, qui dit parfois n'importe quoi), comme de regarder les nouvelles entrées sur viedemerde.fr, et de consulter le forum d'easyzic.com. Rien de bien méchant. Sauf que cette fois, en consultant les annonces apparues dans la nuit sur le site, je suis tombé là-dessus :

Annonces classées – Paris > batterie > groupe

STEPHANE (94)

Salut, je suis batteur et je cherche à intégrer un groupe à tendance 70's-80's, un genre de synthèse punk/jazz/funk (carrément). J'ai 26 ans et 12 ans de batterie, dont 3 dans un groupe tendance punk. J'ai un bon sens rythmique. Je joue également de la basse (6 ans). J'aime: Frank Zappa, The Pixies, Tommy Ramone, Topper

Headon, Bauhaus, Young Marble Giants, Jean-Luc Ponty, Terry Bozzio, Gerhardt Fuchs (Maserati)... Je déteste : les métalleux, le punk californien, les trentenaires qui aiment Muse et -M-, les lycéens "emo", la nouvelle scène française, les *shredders*... Je hais les poseurs en général. Ce qui me brancherait, c'est soit un duo garage rock très simple (guitare + batterie), soit au contraire un gros truc avec plein d'instruments (pourquoi pas, je ne suis pas sectaire ☺). J'ai déjà : local + matos. Je suis bosseur, hypermotivé, mais pas hyperdispo (je préfère prévenir) : grosses contraintes niveau travail. (Je bosse sur le Kremlin-Bicêtre.)

La lecture de cette annonce a bien failli me déclencher une érection. Oui, je sais, j'ai une libido déviante. Sans déconner, ça m'a fait un tel choc que j'en suis devenu aussitôt tout froid, puis tout chaud. Genre, j'ai chopé la malaria à distance. Toutes proportions gardées, ça m'a fait presque pareil que le jour où j'ai découvert sur SpaceBook® le profil d'une certaine Pikachu...

Natacha, qui était en train de se ronger les ongles de pied sur ma couette, m'a vu m'effondrer sur ma chaise de bureau, comme foudroyé par une crise cardiaque.

– Qu'est-ce qui t'arrive ?

J'ai réuni mes forces pour lui répondre :

– Je l'ai ! Je l'ai !

– Ah, très bien. Mais t'as quoi ?

– Mon batteur !

J'ai tourné l'écran de l'ordi pour qu'elle puisse lire, depuis le bord de mon lit où elle était assise. Elle a lu sans rien dire, et puis m'a regardé. Je voyais bien que ça ne lui faisait pas le même effet qu'à moi. Forcément. J'ai relu l'annonce avec elle, une deuxième puis une troisième fois, et à chaque fois ça me le faisait. J'avais le cœur battant et la gorge nouée. Parfaitement ridicule.

Natacha m'a demandé :

– Il aime les mêmes trucs que toi, c'est ça ?

J'ai pris une grande bouffée d'oxygène, avant de lui répondre :

– Non seulement, on a *grosso modo* les mêmes goûts, mais surtout, on déteste les mêmes choses ! Et un type qui déteste tellement de trucs ne peut pas être mauvais. En plus, t'as remarqué, il cite en même temps le batteur des Clash et un violoniste de jazz ! Un tel bordel cohérent, ça me met la larme à l'œil.

– Euh… j'avais pas remarqué, non ! Je ne connais que Frank Zappa, dans tout ce qu'il cite. Mais tu ne trouves pas qu'il est un peu… ? Comment dire…

J'ai haussé les épaules. Je ne voyais pas ce qu'elle cherchait à sous-entendre. Pour moi, ce type était tout simplement parfait.

– Un peu méprisant, trop sûr de lui, avec son truc de dire « Je ne suis pas sectaire », alors qu'il vient d'exclure la moitié du monde !

– C'est génial, ça.

– Et puis « Je hais les poseurs » ! Comme s'il n'en était pas un, avec ses douze ans de batterie, ses six ans de guitare, et *gnagnagna* !

– Merveilleux.

– En plus, il n'est pas cohérent : il veut monter un groupe, il a plein d'idées, il est motivé, mais il n'est pas dispo !

– Mais il est au KREMLIN ! Putaiiiiiiin ! Tu te rends compte ?

J'ai empoigné Natacha dans un grand élan d'enthousiasme, et je l'ai secouée dans tous les sens comme pour en faire tomber des noix de coco.

– Mais arrête, enfin ! T'es devenu fou !

– Tu ne comprends pas ! Ça veut dire que ça existe, que c'est possible ! Un mec comme moi ! Même si on n'était que deux au monde, on peut former un groupe ! Je ne suis pas tout seul dans l'univers !

– Ben, et moi alors ?

Elle m'a regardé avec une moue de gamine abandonnée. Genre « la petite fille aux allumettes », seule dans la rue le 25 décembre, levant les yeux au ciel (où l'attend sa môman) avant de rendre l'âme… Ça vous aurait brisé le cœur. Je l'ai assise de force sur mes genoux pour lui faire un bisou dans le cou.

– Mais ça n'a rien à voir, voyons…

Elle a éclaté de rire.

– Je sais, gros bêta ! J'ai envie de faire des tas de trucs avec toi, mais sûrement pas de la musique ! Je disais ça pour t'embêter. Mais si c'est si génial que ça, son annonce, tu ferais bien d'appeler le mec tout de suite, avant qu'il se trouve un autre guitariste.

Je me suis arrêté de lui bécoter le bras, soudain pétrifié par l'horreur. L'appeler ? Moi ? Un autre guitariste ? Lui ! Hein ? Quoi ?

Natacha m'a caressé les cheveux. D'habitude, j'ai horreur qu'on touche à mes cheveux (que ce soit elle ou n'importe qui), c'est pire pour moi que des chatouilles. Cette fois, je n'ai même pas réagi.

– Qu'est-ce qu'il y a ? m'a demandé Natacha. T'as plus de forfait ? Si tu veux, je te prête mon téléphone…

– Non, non, c'est pas ça…

Comment lui dire ?

Rien qu'à l'idée de prendre le téléphone et de composer le numéro qui s'affichait en dessous de l'annonce, j'avais des sueurs froides. On m'aurait demandé d'aller interviewer le pape sous sa douche, ça ne m'aurait pas autant terrifié. C'est bien simple : j'en étais incapable.

– Tu sais quoi ? ai-je affirmé d'une voix qui se voulait mâle et ferme. Je vais laisser reposer tout ça. Après tout, ce n'est peut-être pas une si bonne idée. Et puis, je ne suis pas encore prêt…

– Pas encore prêt à quoi ? Tu passes tout ton temps libre avec ta guitare, tu composes, tu chantes… C'est maintenant ou jamais.

– Oui, mais non.

– Mais réponds au moins à son annonce ! Envoie-lui un message sur le forum, je ne sais pas, moi ! Qu'est-ce que tu risques ?

J'ai réfléchi.

Après tout, oui, qu'est-ce que je risquais, sinon de passer pour un débile auprès d'un mec qui avait douze ans de batterie derrière lui ? Pour éblouir Kévin de ma *voix de garage*, j'étais qualifié. J'avais même réussi à surprendre mon père, un jour dans la cave de Mamie, et à faire l'admiration d'une bande de lycéens dans une fête bien arrosée dans un club de pétanque. Wow ! Pas de doute, il allait être vachement impressionné, le batteur !

– Non, je laisse tomber. Finalement, t'as raison, il est arrogant, ce type. Pfff ! « Je hais les poseurs » ! Tu parles d'un con !

Natacha a secoué la tête en signe d'incompréhension, a ouvert la bouche pour me répondre, mais elle n'a rien dit.

Peut-être bien qu'elle commençait à avoir sa petite idée sur la question – sinon, à quoi bon faire de la psychologie, je vous le demande –, mais elle n'a pas sorti son scalpel pour m'analyser sauvagement. C'est aussi à ce genre de détails qu'on se rend compte que quelqu'un vous aime…

Notre idée du siècle, celle dont je vous parlais tout à l'heure, c'est dans l'après-midi qu'elle nous est venue. Il fallait bien ça, d'ailleurs, pour me faire oublier un peu le choc que je venais de subir à la lecture de l'annonce…

Vers 17 heures, poussés par la faim, la soif et l'envie urgente de se laver et d'aller aux toilettes (que de nobles aspirations, quoi), nous avons fini par quitter ma chambre. La voie était libre : j'avais entendu mon père partir à la Maison des syndicats, tandis que ma mère profitait de son samedi libre mensuel pour aller faire du shopping.

Aussitôt, Alice nous est tombée dessus.

– Maxime, j'ai des devoirs ! a-t-elle hurlé du fond du couloir.

– Bravo ! Félicitations ! On débouchera le Champomy une autre fois, lui ai-je répondu en me faufilant dans la salle de bains. Pour l'instant, c'est corvée de nettoyage pour moi.

– Mais c'est de l'anglais ! Il *faut* que tu m'aides !

Natacha s'est penchée vers mon oreille pour chuchoter : « Elle est jalouse de Gédéon. » Interloqué, je l'ai regardée en fronçant les sourcils. En voilà une idée ! Je n'aurais jamais trouvé ça tout seul. Comme quoi, la psychologie, c'est quand même pas une science exacte. Natacha m'a poussé vers ma sœur.

– Vas-y, aide-la, je vais prendre ma douche pendant ce temps.

Puis elle a refermé sur elle la porte de la salle de bains. Comment je m'étais fait griller, sur ce coup-là !

Ça sentait un peu la conspiration féminine. J'ai suivi Alice dans sa chambre en maugréant.

– On doit faire une biographie d'un Anglais qu'on aime bien, s'est-elle écriée une fois qu'on était devant son bureau, en anglais, en plus ! C'est du vice ! Et je ne sais même pas qui choisir ! Est-ce que Selena Gomez, elle est Anglaise ?

– Euh... Avec un nom pareil... J'ai des doutes.

– Justin Bieber ?

– Pfff... Tu pourrais pas élever un peu le niveau ? Si j'étais toi, je prendrais Arthur Conan Doyle. Ah merde, il est Écossais ! Ou bien Oscar Wilde... Non, ça ne va pas, il est Irlandais. Il faut qu'il soit Anglais, je suppose ? Ou juste Britannique ?

– J'en sais rien, moi. C'est quoi la différence ?

– Oh la la ! Tu fais quoi, en cours d'anglais ? Tu joues à la DS ? Bon, t'as qu'à prendre Shakespeare.

– Ah non, Shakespeare, on n'a pas le droit.

– Pourquoi ?

– Ça a déjà été fait.

– Sans blague ? Ça alors ! Quelqu'un a déjà écrit une biographie de Shakespeare ? Grands dieux ! *By Jove !* C'est dingue.

Au bout d'un certain temps, on a fini par se décider : Alice a jeté son dévolu sur le prince William, futur roi potentiel et beau gosse de service. Je l'ai emmenée dans ma chambre et on s'est installés pour une recherche sur Internet. Et là, tandis qu'on surfait sur des sites brittons, diverses fenêtres publicitaires se sont ouvertes. « Voyagez en Europe avec la carte InterRail », « Les meilleures auberges de jeunesse à Londres », « L'Eurostar en un clic »…

J'ai eu un flash.

Un peu comme pour l'annonce du batteur Stéphane, j'ai senti mon pouls s'accélérer. Deux fois en un jour, je frôlais l'infarctus.

J'ai planté Alice devant l'écran et je suis allé toquer à la porte de la salle de bains.

– C'est qui ? a fait la voix de Natacha.

– Ben c'est moi, ouvre !

– Je peux pas, je m'habille.

– Mais arrête ! Mes parents sont sortis et ma sœur est devant l'ordi, personne ne va te voir !

Elle a entrebâillé la porte pour jeter un regard méfiant dans le corridor, à la recherche de *paparazzi* planqués sous la moquette.

– Qu'est-ce que tu veux ?

– Tu fais quoi, pendant les vacances de Noël ?

– Ben, rien. Et toi ?

J'ai émis un rire machiavélique, avant de lui tourner le dos pour repartir dans ma chambre. Comme prévu, elle est sortie de la salle de bains en un temps record.

De retour dans ma chambre, j'ai viré Alice qui venait d'imprimer trois pages depuis Wikipédia, sans aucune retouche, et qui prétendait donner ça à sa prof, en guise d'exposé.

– Ça va pas, la tête ? Tu crois que tu vas avoir 20/20 juste parce que t'as réussi à appuyer sur ctrl+P en même temps ?

Elle est repartie dans sa chambre après diverses imprécations impliquant le diable, une corde et un pieu pour m'empaler. Les jeunes et Internet, quelle plaie !

Pendant qu'elle allait enfin bosser un brin, et que Natacha finissait de s'habiller dans ma chambre (ce qui m'a un peu déconcentré), j'ai commencé à mettre mon plan à exécution. Pour le réaliser, je n'avais besoin de rien d'autre que de mon ordi et d'un compte en banque garni. En ce qui concerne ce dernier point, à raison de deux séances de deux heures par semaine, payées 20 euros, sur deux mois, plus quelques extras, j'étais à la tête d'une fortune de 350 euros. Pas encore suffisant pour m'acheter la dernière version du smartphone de mes rêves, mais largement assez pour deux allers-retours Paris-Londres au tarif jeune en Eurostar. Restait à choisir entre les deux…

Comme dit mon père, « La vie, c'est des choix ».

Et mon choix était fait.

16 . Les grands voyageurs laissent les tuiles aux Tuileries*

Natacha m'a toujours dit qu'elle aimerait voyager, en tout cas un peu plus loin que la zone 5 du RER. Avant ma fête d'anniversaire, lorsque nous étions passés par la gare du Nord pour faire nos achats exotiques, nous avions rêvé tous les deux devant les grands express rouges ou bleus qui filaient vers la Belgique, la Hollande ou l'Angleterre. En quelques heures de train, les grandes capitales étaient à notre portée. L'une d'elles, en particulier, m'a toujours fait rêver…

Sur Internet, en surfant sur des sites recensant les auberges de jeunesse, j'ai bavé devant des photos de Chalk Farm Road, dans Camden Town, la Mecque historique du punk. Les *pubs*, le métro, les immeubles de brique rouge, les usines désaffectées servant de lieux de concert, les magasins de disques et les boutiques de fringues… J'aurais été moins heureux de partir aux Seychelles.

---

* Alain Bashung, *Les Grands Voyageurs*.

– Quoi ? Tu veux m'emmener à Londres ? Mais t'es fou !

Natacha a ouvert de grands yeux où j'ai cru voir briller quand même une lueur d'enthousiasme.

– Tu y es déjà allée, peut-être, avec ta mère ?

– Une fois, elle m'a emmenée en voyage scolaire avec elle, j'avais dix ans. Je ne me souviens de rien, sauf d'un squelette de dinosaure dans un musée.

– Si je te promets qu'on n'ira pas voir le dino, tu viens ? Ou pas ?

Pour toute réponse, elle m'a embrassé passionnément.

Le samedi soir, à table, après son départ, j'ai annoncé la nouvelle à mes parents.

Ils sont restés scotchés.

Nous venions de décider de partir au début des vacances, profitant de promotions sur l'Eurostar, et nous devions rentrer le 24 décembre, juste à temps pour fêter Noël. Natacha devait demander à sa mère de réserver l'auberge : dans sa folle carrière de *serial teacher*, elle avait emmagasiné quelques bonnes adresses dont elle pourrait sûrement nous faire profiter.

– Mais… Et ton smartphone, dans tout ça ? m'a demandé mon père, interloqué. Tu ne te l'achètes pas ?

– M'en fous. Des gadgets, tout ça. J'ai passé l'âge.

Il m'a regardé, une lueur de fierté dans les yeux.

J'ai bien cru qu'il allait me réciter le poème de Kipling, celui qui finit par « Tu seras un homme mon fils », mais à la place, il a pris la bouteille de vin rouge, m'en a rempli un verre sans rien dire et a approché le sien pour faire *tchin*.

Il avait enfin croisé Natacha, juste avant qu'elle reparte chez elle, et bien qu'ils n'aient échangé que quelques vagues paroles de politesse, j'avais pu voir qu'elle lui avait fait très forte impression. En effet, dès qu'elle avait eu le dos tourné, il avait jeté un regard en biais sur sa chute de reins et, avec la finesse qui le caractérise, il avait levé les deux pouces dans ma direction, assorti d'un clin d'œil d'une vulgarité confondante.

Après ma déclaration de vacances solennelle, ma mère a pris un air tragique, tendance matrone désespérée. Puis elle a décrété que ça lui faisait « tout bizarre » que « son grand garçon » parte en vacances, de son *propre* chef, avec son *propre* argent et sa *propre* chérie. Au fond, me suis-je dit, elle est comme moi : sous des dehors revêches, c'est une sensible.

Quant à Alice, elle a dit qu'elle ferait pareil quand elle serait grande, mais qu'elle, elle choisirait un endroit un peu moins naze que Londres, quand même. Son exposé sur le prince William lui était resté en travers du gosier.

Au lycée, j'ai prévenu Kévin et Alex, qui m'ont aussitôt envié, non pas tant pour Londres que pour la perspective de fuir Paris à la période des fêtes de fin d'année. Enfin, après l'été de merde que j'avais passé, j'allais réussir mes vacances !

L'interminable semaine avant les vacances de Noël a fini par prendre fin. Le jeudi soir, j'ai annoncé mon départ imminent à Gédéon, qui a aussitôt consulté un atlas pour suivre mon trajet, et m'a informé de toutes les gares que traverserait l'Eurostar. Le tunnel sous la Manche a paru le fasciner.

– Un jour, toi aussi, tu iras en Angleterre, tu verras ! lui ai-je promis, plein d'un enthousiasme naïf.

Il a eu un regard plein d'effroi et a commencé à gémir.

La mère de Natacha nous avait dégoté une pension de famille tenue par une ancienne collègue anglaise, une sorte de refuge hippie dans le quartier de Brixton. Vraiment *cheap* et en même temps, plutôt sécurisant, puisqu'ainsi, il suffirait à la maman poule d'appeler sa copine anglaise pour se tenir au courant des pérégrinations de sa fille unique.

J'ai fait mon sac avec fébrilité. J'avais déniché chez Mamie un *Guide du Routard* millésime 1987, regorgeant de « bons plans» périmés. Mais les rues n'ayant pas changé de place, je me suis dit que ça pourrait toujours servir. Je l'ai complété par des plans de l'*Underground* imprimés depuis Internet.

J'en ai profité, chez elle, pour passer un après-midi entier en tête-à-tête avec ma Fender, que je ne reverrai pas de sitôt... (ou du moins le croyais-je).

Depuis que j'avais lu la petite annonce du batteur (appelons-le Stéphane, puisque c'est son prénom), j'avais décidé de m'exercer sur quelques compositions perso, au cas où, par extraordinaire, j'arriverais un jour à réunir assez de courage pour l'appeler. En attendant ce jour lointain, je m'étais tout de même décidé à lui laisser un message sur le forum. Un message qu'on peut qualifier de sibyllin, qui se voulait à la fois drôle, modeste et passionnant.

Ça ressemblait à ça :

MAX (94) à STEPHANE (94) – Ton idée, je vote pour. Un peu guitariste, un peu chanteur, un peu de compo - bref, *je sais que je ne suis rien**, mais parfois j'habite au Kremlin. Quand je serai grand, je jouerai dans ton groupe.

Follement attirant, non ?

Mouais... Sans grand espoir, je travaillais donc quelques morceaux avant de partir. J'avais choisi de m'exercer sur quelque chose de doux et de mélancolique, ce qui n'est pas trop mon genre au départ. Une reprise des White Stripes, *In the cold, cold night*. Une chanson de fille, normalement : c'est-à-dire la voix de Meg White, juste accompagnée par la guitare de Jack, toute douce, pour une fois.

* Extrait d'une chanson du groupe punk français Les Caméléons.

J'essayais de la chanter en *falsetto* – autrement dit, avec une voix de fille. Avec mon timbre habituel, c'était trop grave, limite lugubre. À la fin de la journée, j'étais assez content de moi pour en faire profiter Mamie.

Elle est descendue dans ma cave, récemment tapissée de magnifiques posters trouvés aux puces de Montreuil, s'est assise sur le canapé défoncé et m'a écouté très sérieusement. Après quoi, elle a dit en hochant la tête :

– Je crois que tu fais des progrès.

Vu qu'elle ne m'avait jamais entendu jouer, je ne sais pas si on peut vraiment considérer ça comme encourageant… J'ai eu envie d'en savoir plus :

– Dis donc, Gandalf. À ton avis, sérieusement… Tu le crois, toi, que je suis… Hum… Comment dire ? Un artiste ?

Elle m'a regardé avec étonnement, comme si je venais de proclamer que la pyramide de Kheops était entièrement constituée de Lego.

Puis elle s'est mise à rire.

– Toi ? Un artiste ? Mais évidemment, voyons. Qu'est-ce que tu crois ? Sinon, tu serais bon à enfermer.

– Merci, Mamie… , ai-je bredouillé, l'œil embué.

– Euh… De rien. Il ne m'a pas semblé que c'était très gentil, ce que je viens de te dire.

– Si, si. Tu ne te rends pas compte, mais c'est super sympa, en fait.

– Ça alors !

Enfin, le grand jour est arrivé.

De peur de les oublier, j'avais mis mes papiers d'identité et mes billets de train dans la poche du jean dans lequel j'allais sauter, dès que mon réveil aurait sonné.

J'avais emporté de l'argent, à changer à l'arrivée à Londres, réglé ma montre à l'heure anglaise, emporté mon dico de poche et mes guides touristiques bricolés. Franchement, je ne voyais pas ce que je pouvais avoir oublié.

Enfin, dans mon sac, j'avais fourré un calepin et des stylos, pour noter toutes les idées de chansons qui ne manqueraient pas de me venir, une fois que j'aurais mis le pied dans le Walhalla du punk.

J'ai retrouvé Natacha dans la gare du Nord, au pied de l'escalier qui mène au sas d'embarquement de l'Eurostar. J'avais eu tellement peur qu'elle décide au dernier moment de ne pas venir que je l'avais inondée de textos toutes les cinq minutes depuis mon réveil. Quand je l'ai aperçue de loin, j'ai fourré mon portable dans la poche de ma veste. Je n'en aurais plus besoin. Désormais, plus rien ne pourrait nous séparer, ai-je pensé.

Mon optimisme me perdra…

– Te voilà ! Tu as tes papiers, et les billets de train ? m'a demandé Natacha.

Un instant, j'ai failli prendre ombrage de ses soupçons, mais je me suis dit qu'elle n'avait pas tort. Moi aussi, si je me fréquentais, je me méfierais…

J'ai brandi l'enveloppe contenant les billets de train.

– Il vaut peut-être mieux que tu les gardes, non ? lui ai-je proposé.

Prise de remords, elle m'a fait signe que non, mais j'ai insisté et je la lui ai glissée d'autorité entre les mains.

– Je garde quand même ma carte d'identité. Je pense que j'arriverai à ne pas la perdre, d'ici l'arrivée à Londres…

– Euh… Jusqu'au retour à Paris, tu veux dire ! À moins que tu n'aies prévu de rester en Angleterre clandestinement ?

– Bah, on ne sait jamais. Imagine que je trouve un *band* qui ait désespérément besoin d'un chanteur français… Tout peut arriver, avec moi.

– Oh, je sais…

Natacha m'a pris la carte d'identité des mains et a regardé la photo. Je l'avais fait faire à quatorze ans, en prévision d'un voyage scolaire en Espagne qui n'a finalement pas eu lieu. Jusqu'ici, on peut dire que cette carte ne m'avait jamais servi. Elle a éclaté de rire – réaction typique de celui à qui on soumet pour la première fois la photo d'identité d'un autre.

– Max ! Qu'est-ce que c'est que cette coupe de cheveux ? Je rêve, ou t'avais *une raie* !

– Mais non, c'est un effet d'optique.

– Et puis cette mèche, sur le front ? Qu'est-ce que c'est que ça ? T'as l'air d'un petit malfrat dans un vieux film américain… Genre Al Capone en culottes courtes.

– Quoi, ça te plaît pas ? Ça fait vachement Sinatra, n'empêche.

Elle rigolait toujours quand les portes du sas d'embarquement se sont ouvertes.

Nous sommes passés par les portillons de sécurité sous l'œil endormi des douaniers français. J'ai ensuite tendu à un officier, au guichet, mes billets et ma carte d'identité, ce qui n'a pas déclenché chez lui d'hilarité (ils doivent recevoir une formation spéciale dans ce but). Après quoi, on nous a fait attendre dans une petite salle pleine de fauteuils, avant de pouvoir gagner l'étage, d'où l'on surplombait les rails de la gare du Nord. Là, voisinaient des officines d'agents de change, des guichets de vente de cartes téléphoniques et de tickets du métro londonien. On y retrouvait cette ambiance particulière aux *no man's land* des aéroports et des gares internationales, avec leurs boutiques de produits détaxés et leurs échoppes de souvenirs ringards. C'était juste cinquante fois plus petit qu'à Roissy.

Tiens, me suis-je dit.

La dernière fois que je me suis retrouvé dans ce genre d'endroit, c'est quand, avec Mamie et tonton Christian, on était allés attendre mes parents à l'aéroport. Ils revenaient de Corse (avec quelques handicaps), et moi, je découvrais que j'étais un dindon*.

Pendant que Natacha allait étudier le taux de change de la livre sterling, j'ai ressorti mon portable et je l'ai rallumé, histoire d'adresser un dernier message à mes parents. J'ai réceptionné un texto fort chaleureux d'Alex :

« Quand je pense que tu seras à Londres ce soir, je te hais. »

J'ai jeté un œil derrière moi : Natacha m'a fait signe qu'elle allait aux toilettes. J'ai pensé que le moment était bien choisi pour répondre à Alex. Il valait mieux ne pas le faire devant Natacha, de peur qu'elle s'imagine que j'avais, au moment de quitter Paris pour cinq jours, une foule de choses à dire à ma meilleure amie… J'ai donc composé un message d'un pouce nonchalant, tout en contemplant l'Eurostar qu'on apercevait par des baies vitrées surplombant les quais.

Au moment où le SMS partait vers son destin, une main m'a frotté le dos. Je me suis retourné dans un sursaut.

– Qu'est-ce que tu faisais ? m'a demandé Natacha.

– Hein ? Quoi ? Ben, t'es pas aux vécés ?

– Non, y'avait trop d'attente. Mais pourquoi tu me demandes ça ? a-t-elle fait en fronçant les sourcils. On dirait que je te dérange !

* Non, mais laissez tomber, c'est trop tard, maintenant, vous ne le lirez jamais, ce livre…

– Pfft ! Tu dérailles complètement, ma petite fusée en plastique. Regarde toi-même…

Pour couper court à sa parano, je lui ai tendu mon portable où s'affichait le dernier message que je venais de composer.

– C'est à Alex que tu as envoyé ça ? a-t-elle fait, le visage blême.

Allons bon.

– Ben oui, c'est marqué en haut. Je sais que t'es pas une championne de la technique, mais quand même…

– Mais pourquoi tu lui as écrit ça ? a-t-elle fait d'une toute petite voix. C'est… Enfin, c'est super glauque, non ?

Glauque ? Perplexe, j'ai repris mon portable et découvert mon message. On y lisait en toutes lettres :

« T'as la raie, hein ? À user vive ! »

Pfff… N'importe quoi.

J'ai refermé brutalement le clapet du téléphone en grognant. Natacha, qui devait croire décidément à une allusion dégueulasse, insistait :

– Mais ça veut dire quoi ?

– Qu'il faut que j'arrête de composer des textos en T9 sans regarder…

Un mouvement de foule s'est fait autour de nous. Mon voisin de siège immédiat s'est levé, faisant tomber mon sac à dos. Il était temps d'y aller.

– Je me demande ce que t'as voulu lui dire, quand même… a grommelé Natacha.

Tout le monde se dirigeait vers la douane anglaise. J'ai repris mon sac sur mes épaules, Natacha a fait de même.

– T'as qu'à chercher, ça t'occupera pendant le voyage. Après tout, c'est un peu comme faire des mots croisés. Un jour, dans pas longtemps, tu verras, il y aura des jeux dans les magazines avec les *textonymes**. Ça va détrôner le sudoku.

– Tu m'éneeeeeeerves !

– Je sais.

Je me suis senti poussé dans le dos par une grosse dame qui serrait dans ses bras un sac, d'où dépassait la pointe d'un sapin de Noël en plastique. Un de ces sapins qui clignotent et se trémoussent sur l'air de *Jingle Bells* dès qu'on titille l'interrupteur placé sous leur socle… On vend les mêmes à la caisse du supermarché discount germanique au coin de ma rue… J'ai tiré Natacha par la manche pour lui montrer le bagage amusant de la dame derrière moi. Elle a pouffé de rire, et en a oublié de me questionner au sujet du texto à Alex.

Merci, mère Noël.

Au-delà des barrières de la douane, un vigile faisait tournoyer une matraque entre ses mains, façon majorette. On a continué à avancer, un peu

---

* Un *textonyme* (ou T9-agrame) est, à la saisie intuitive, ce qu'un homonyme est au langage oral. Pour plus d'informations, consultez votre linguiste.

humiliés de nous retrouver canalisés entre des chicanes, comme des immigrants quittant leur dictature.

L'humiliation a atteint son paroxysme lorsque nous avons fait face aux questions de la douane anglaise :

– *Did anyone helped you to make your luggage ?*

À l'idée que quelqu'un ait pu m'aider à faire mon sac comme si j'avais trois ans, j'ai commencé à ricaner. Vous savez, ce genre de ricanement caustique qui vous attire immédiatement l'antipathie, pour ne pas dire plus, de tout ce qui porte un uniforme, du vigile de supérette au garde républicain.

Natacha, aux prises avec un autre officier en costume, m'a jeté un regard courroucé. Déjà que je l'avais agacée avec l'histoire du texto… J'ai senti que ça n'était pas le moment de déconner. De plus, la vieille au sapin me jetait des regards totalement dénués d'aménité. J'ai levé les bras pour que le type me fouille, priant pour ne pas qu'il me chatouille, sans quoi je ne répondais plus de rien.

Heureusement, c'était un professionnel.

Ensuite, j'ai abandonné mon sac dans une sorte de scanner, déposé mon portefeuille, mon portable et mes billets dans une caisse en plastique sur un tapis roulant, et franchi d'une démarche altière le portique électronique.

Pendant ce temps, la caissette en plastique roulait vers son destin. Et c'est à cet instant précis, tandis qu'elle disparaissait dans une mystérieuse caverne obscure fermée de lamelles de caoutchouc noir, qu'un son strident est monté du tapis roulant.

Tandis qu'on lui radiographiait le corps, Satyakama n'a rien trouvé de plus intelligent que de hurler à plein volume « *ALLAH AKBAR !* ».

L'officier a arrêté le tapis en appuyant sur un bouton rouge.

Il m'a arrêté d'un geste. Il a extrait la caisse contenant mes affaires personnelles comme s'il s'était agi de matériel à haut risque.

Puis il a fouillé là-dedans, du bout de ses doigts moulés dans le caoutchouc d'un gant, et en a extrait mon portable.

– *What's that shit ?* a demandé le douanier à l'un de ses collègues en soulevant mon portable d'un air dégoûté.

J'avais bien reconnu, pour ma part, la sonnerie dite « de l'appel à la prière ». Kévin venait sûrement de m'appeler, pile au mauvais moment. Après ça, allez donc expliquer au douanier que le cri du muezzin, c'était une référence à *OSS 117* !

Si ça se trouve, il n'avait jamais vu *Le Caire, nid d'espions*. Et on ne pouvait pas l'en blâmer. Je me suis dit que malgré tout, il était quand même gonflé d'oser qualifier ma sonnerie de « merde ». On était à deux pouces de l'insulte qualifiée. Si j'avais été musulman, je l'aurais super mal pris. Mais vu que je suis 100 % athée, j'ai décidé de laisser passer. J'ai donc esquissé un vague sourire, genre *T'es con mais je te pardonne*.

Sans grand espoir, car le type continuait à examiner mon portable sous toutes les coutures. Il en a fait glisser le clapet de protection de la carte SIM, découvert qu'elle était sans étiquette comme l'enfant qui vient de naître, et soudain son air perplexe s'est transformé en une sorte de sourire sardonique, comme si ce pauvre téléphone lui avait fait une injure personnelle et que, maintenant qu'il le tenait, il allait enfin pouvoir s'en venger.

– *Where did you get this stuff* ? m'a demandé l'officier.

C'est là que j'ai compris que ce que le douanier traitait de *shit* ne s'appliquait pas à ma sonnerie, mais à Satyakama lui-même. Et c'est là que les avertissements de Natacha, au moment d'acheter ce téléphone, me sont revenus en mémoire.

Qu'avait-elle dit, déjà ?

« C'est de la contrebande, tu vas finir en taule », non ?

Étant donné mon mutisme, le douanier a fait signe à un collègue de me traduire en français sa question.

– Où *aveï*-vous *acheteï* cet *objeï* ? s'est enquis mon traducteur officiel. Vous *pouveï* me *wépondwe* en *fwançaise*, je *twaduiwaï*.

Sympa, mais je n'ai quand même pas fait huit ans d'anglais, lu tous les *Sherlock Holmes*, cinq Agatha Christie et trois *Jeeves* en V.O., pour tomber si bas. Ce qui m'empêchait de lui répondre, ce n'était pas, comme on dit, la barrière de la langue.

J'aurais plutôt appelé ça « la barrière de la loi »...

J'ai cherché des yeux Natacha, qui avait franchi avec succès le contrôle douanier et avait été poussée dans la file des gens prêts à embarquer.

J'ai capté son regard inquiet. Je l'ai vue lever les mains, telle la Vierge attendant un signe du ciel. Puis elle a secoué la tête, en signe de totale incompréhension. Autour d'elle, tous ceux qui avaient franchi les portiques électroniques me regardaient, n'ayant rien d'autre à faire. On aurait pu croire à un *flashmob* lancé par une bande de farceurs sur Internet : un genre de *Freeze Party* où tout le monde se fige sur place en mimant la plus grande variété d'expressions possibles : amusement, crainte, étonnement, consternation, curiosité, agacement. La dame Noël, dont je retardais l'embarquement, tentait d'exprimer par un simple regard la haine la plus violente, tandis que son sapin miniature, qu'un douanier essayait de faire entrer dans une caissette en plastique, clignotait tout ce qu'il pouvait.

J'ai secoué la tête, muet, paralysé, impuissant. Si j'avais osé répondre devant tout le monde à Natacha, qu'est-ce que je lui aurais dit ? « Tu avais raison, pour le portable » ? Mais si je disais ça, le douanier s'empresserait d'en conclure que j'étais consciemment en possession d'un objet frauduleux.

– Qu'est-ce que tu fous ? a-t-elle finalement crié, ayant épuisé tout son vocabulaire non verbal.

J'ai levé les mains en l'air, haussé les épaules et pris mon air le plus innocent possible. Le clone de James Stewart dans les films d'Hitchcock, toujours totalement dépassé par les événements.

– J'y comprends rien ! ai-je lancé haut et fort. Une histoire de téléphone portable ? Il doit y avoir un petit malentendu, mais t'inquiète, ça va se régler !

Elle a encaissé le choc, les yeux ronds, la bouche idem.

Je pouvais presque lire sur ses lèvres la phrase qu'elle se retenait sans doute de prononcer : « Quel con ! Je te l'avais bien dit ! »

Elle a reculé d'un pas, comme assommée par ma stupidité. Ses bras ballants esquissaient des gestes en ma direction, puis retombaient lourdement, accablés. Et puis tout à coup, je l'ai vue se mordre la lèvre inférieure très fort, secouer la tête et elle s'est mise à gueuler :

– Mais y'en marre de tes conneries ! T'en rates pas une, c'est pas possible ! Tu crois peut-être que je vais t'attendre ici et louper le train ?

J'ai fait signe que non. En effet, je n'en espérais pas tant…

– Non, mais vas-y, toi ! Je te rejoindrai par le prochain train, quand ce sera réglé… ai-je lancé d'un ton débordant d'optimisme.

Et à cet instant précis, j'ai senti qu'on m'empoignait fermement par le bras.

J'ai tourné la tête pour voir qui venait de m'agripper. Ce n'était pas un douanier, mais un policier qui venait de se matérialiser à mes côtés. Il arborait sur sa veste un joli écusson rond représentant deux TGV qui se croisent, avec au milieu les lettres PAF brodées à l'or fin. Police de l'air et des frontières, service national de police ferroviaire.

– Vous voulez bien me suivre, monsieur ? a fait le type en uniforme, tandis que les douaniers, remettant en marche le tapis roulant, poursuivaient leur noble tâche.

– Euh… J'ai le choix ? Non, parce que j'ai un train à prendre, en fait…

Le type n'a même pas esquissé un sourire.

J'ai tourné la tête vers Natacha. Ou plus précisément, vers l'endroit où elle se tenait quelques secondes auparavant. Mais elle n'y était plus.

– Natacha ! ai-je braillé à pleins poumons.

– Allons, allons, jeune homme. Ne vous donnez pas en spectacle, a grommelé le policier.

– Mais je... Merde, vous me faites chier ! Faut que je rejoigne ma copine, elle va partir sans moi ! Je m'en fous, moi, du portable ! Je vous le donne, tiens !

– Vous allez nous expliquer tout ça bien calmement, a-t-il fait en me poussant vers un bureau vitré où étaient assis deux douaniers. Nous avons tout notre temps... Tout, tout notre temps...

C'est ainsi que j'ai perdu de vue la fille de mes rêves : dans le brouhaha et la cohue de l'Eurostar, alors que la voix féminine du robot de la SNCF susurrait des invitations à embarquer, j'étais poussé de force vers une petite pièce sans fenêtre.

Le réveillon de Noël allait bientôt arriver et, si ça se trouve, avec le bol que j'avais, je le passerais attaché à un radiateur avec une lampe braquée dans les pupilles. Et sans même la consolation d'avoir un sapin en plastique qui chante *jingle all the way*...

Dans ces cas-là, on a beau se dire que l'espèce humaine va s'éteindre dans cent ans, c'est à peine si ça console...

Tout ça pour un stupide téléphone à 7 euros.

« Bien mal acquis ne profite jamais », paraît-il. Si jamais vous passez dans *Little India*, d'ici à ce que les douaniers anglais me relâchent, allez répéter ça à Satyakama.

Et surtout, dites bien que vous venez de ma part !

La Compile of the Teuf

I should have gone with my friends, Woodhands, 2010
Hey boy hey girl, The Chemical Brothers, 1999
Glitter Freeze, Gorillaz, 2010
Ring my bell, Anita Ward, 1979
Da Funk, Daft Punk, 1996
Electronaut, VNV Nation, 2002
I dance alone, Swayzak, 2002
You should be dancing, Bee Gees, 1976
Tokyo, The Wombats, 2011
Take me out, Franz Ferdinand, 2005
Woman of the ghetto, Marlena Shaw, 1969
Dancing shoes, Arctic Monkeys, 2005
Terror !, The Rakes, 2005
Le Freak, Chic, 1978
Fast Fuse, Kasabian, 2009
Cowboys and Indians, Milburn, 2007
Leave me alone, Michael Jackson, 1987
It's not your birthday anymore, Morrissey, 2009

Cette compile vous est offerte par :
LES COMPILAMAX© 2011

Ouvrage réalisé par
Cédric Cailhol Infographiste.

Reproduit et achevé d'imprimer
par l'Imprimerie France-Quercy à Mercuès
en **juin 2012**.

Dépôt légal : **novembre 2011**
N° d'impression : **21144/**
ISBN : 978-2-8126-0300-6

Imprimé en France